日米の懸け橋

林ヶ谷 昭太郎 著

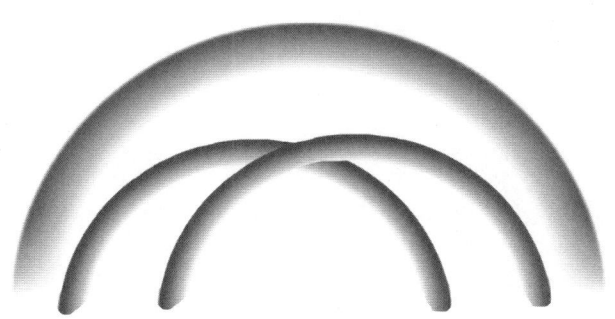

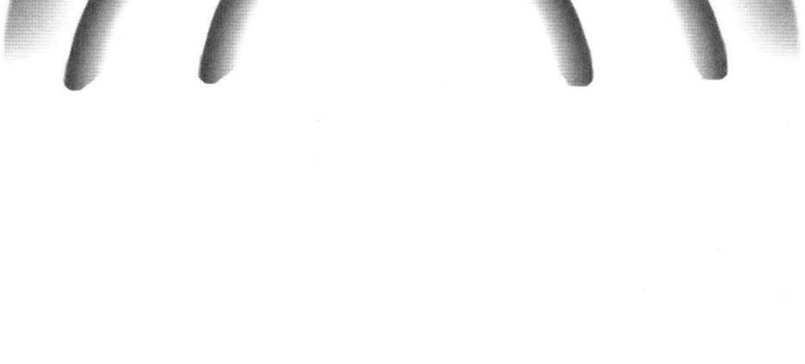

八千代出版

はじめに

本書は林ヶ谷昭太郎先生の業績と活動を世に残すために、日米の友人が企画したものである。意図するところはもちろん、先生の業績をまとめることであるが、それにとどまるものではない。先生が日本のため、とくに米国在住の日本人の社会的地位の向上のために戦い抜いた生涯を、知的遺産として次の世代に伝えるためである。近年日本の国際化が話題になっている。しかしながら一口に国際化といってもそれを実現することは容易ではないこと、これからは林ヶ谷先生のような若者が多数輩出することが日本の国際化に不可欠であることを知ってもらうためである。そこが一般的な自伝と異なるところである。先生の少数民族の地位向上のための一連の活動は既成社会から厳しい抵抗を受けた。とくに誤解や偏見、嫉妬のもとで圧迫された在米日本人の地位向上と教化支援活動は戦いの連続であった。激しい抵抗の中で、先生が実行してきた誠実な粘り強い努力の結果、先生は米国社会に受け入れられていったのである。

本書を読んで、ひとりでも多くの若者が、日本のため、そして世界のために貢献する志を持つようになることが林ヶ谷先生の望むところである。

小川浩一・唐沢昌敬

目　　次

序章　林ヶ谷先生の歩んできた道

青山学院大学専門職大学院
会計プロフェッション研究科
教授　唐沢昌敬

林ヶ谷昭太郎先生は、昭和９年５月５日、福井県小浜市で生をうけた。小浜市は古くから交通の要衝であるとともに、京文化の影響を強く受けた伝統の町である。鯖街道にもみられるように、御膳所とも呼ばれ、現在よりも京に密着した町であった。

近くには明通寺、神宮寺などの名刹があり、奥行きの深い町である。明通寺は坂上田村麻呂が蝦夷の魂を弔うために建立したもので、国宝に指定されている三重の塔と本道を中心にした格式の高いお寺である。山の上から杉木立の間を降りてくる霧の中にたたずむ三重の塔はまさに神秘的である。神宮寺のお水送りも有名である。鵜の瀬から地下水道を通じて東大寺の二月堂の若狭の井にお水を送る儀式である。このように小浜は奈良・京都と深くかかわりを持った町といえる。

小浜はまた人材を育む町でもある。杉田玄白、梅田雲浜などといった国際的レベルの英雄を多数輩出している。また水上勉、五木ひろしなどといった作家、アーティストも小浜出身である。小浜には創発のエネルギーが満ちあふれているのである。

こうした文化の香りの高い町で生まれた林ヶ谷先生は、青雲の志の高い若者であった。雪国らしく正義感が強く、まじめで粘り強い性格であった。片道８㎞の口名田小学校に、雨の日も雪の日も歩いて通い続けたのは、その粘り強さのあらわれである。普通の人であれば休みたくなるような猛吹雪の日も、雪に足を取られようと、畦に落ちようと這い上がり、通い続けたのである。その勉学への意志の強さは現代の二宮金次郎と呼ばれていた。通学中も本を離さず、空いている時間はすべて読書に費やした。大変厳しい環境のもと、子供の頃から自らの使命を知っていたかのごとく、黙々と勉学に励んでいたのである。現代の日本人にもっとも必要なのが先生のような粘り、執着心である。体力・知力に優れているはずの日本人が、発展途上国の人々にも負けてしまうようになったのは、まさに志、粘り、執着心が不足しているためである。日本人の多くが林ヶ谷先生のような志、粘り、執着心を持てば、日本の国力は一段と高まるはずである。

また先生は、正義感・責任感も強く、人から頼まれたことはいやな顔をせず、黙々と実行していく性格であった。渡米後も、全力を挙げて沢山の日本人の面倒をみてきたのは、先生の誠実な性格によるものである。小学校で6年間級長を務めたのは、学業成績が優秀であっただけではなく、本来備わっている人望の高さによるものである。潜在的であろうと顕在的であろうと、使命に導かれた人は強く、魅力的である。

神は使命感あふれる青年に、学問的能力、道徳的能力だけではなく、様々な能力を与えてくださった。運動能力の高さもそのひとつである。中学・高校時代は9人制バレーボールのキャプテンを務め、嶺南では無敵で、しばしば県大会で優勝を争って国体出場も果たした。渡米後はゴルフで、カリフォルニア・アマで何度も上位入賞を果たしている。学業のみならずスポーツも先生にとっては“行”なのである。

若狭高校卒業後は家庭の事情で進学を断念し、東亜興信所で法律関係の実務に携わっていた。その後大井勝司法律事務所で書生として働き、法律実務を深めていった。社会との接点を求めている若者にとって、法曹関係の仕事は大変魅力的であり、その実務に没頭する日々であった。またその頃から語学にも関心を持ち、大阪YMCAで英語を学び始めていた。まさに将来の米国での使命を本能的に感じ取っていたのである。

法律実務に没頭しているうちに勉学への思いがますます強くなり、昭和31年に関西大学法学部2部に進学した。向学心に燃えていたので、関西大学ではまさに乾いた砂に水がしみ込むように、あらゆる知識を貪欲に吸収していった。関西大学で学んでいるうちに、国際弁護士への思いが強くなり、法律・語学の勉学に一段と拍車がかかっていった。こうした思いの実現を目指し、当時最難関といわれたロックフェラー財団の研究生に応募したのである。論文審査の結果、奨学金を得、ついにカリフォルニア大学バークレイ校ポルトホール・ロースクールへの入学を果たした。期待に胸をふくらませて渡米したのであるが、ロースクールでの勉強は大変厳しいものであった。次から次へと与えられる教材を読みこなしていくことができず、大きな壁に突き当たった。とくに発音の悪さを原因とするコミュニケーション能力の乏しさは致命的であった。こうした諸事情からついに退学を迫られたのである。当時の日本の英語教育の実情からすれば無理からぬことである。

ここで先生は、一念発起し、ゼロからのやり直しを決意、カリフォルニア大学のバークレイ校国際学部に入学した。ここが先生と並の人の違いである。普通の人であればすごすごと日本に帰国してしまうところであったが、踏みとどまったのである。先生はより闘争心をかき立て、猛然と勉学に集中し、３年間で学士となり、その後カリフォルニア州立大学サンフランシスコ校の国際関係論の修士課程に進学し、修士の学位を取得したのである。ここでは、現代の金次郎と呼ばれた粘り強さを遺憾なく発揮したのである。

カリフォルニア大学バークレイ校の国際学部では単位取得に振り回され、とにかく修了することが目的だったので特別な問題意識を持つに至らなかった。先生の人生で決定的だったのは、カリフォルニア州立大学サンフランシスコ校時代の体験である。当時アイデンティティ・クライシスという問題が発生し、アジア民族の自覚が高まっていた。全米で白人優越主義を始めとする既成社会に対する運動が広がっていたのである。それはベトナム反戦運動と重なり、一大ムーブメントになっていた。今まで、黒人以上に差別されていた少数民族の怒りが爆発したのである。こうした時代背景のもとに、先生の民族学への関心は急速に高まっていった。当初国際弁護士を志し渡米したが、その後挫折を繰り返し、まさに粘り強く米国で頑張っていたのは、民族問題に取り組み、民族学を展開するためであったことを感じたのである。自分のミッションの確認である。何のために生まれ、何のために渡米したのか。それは国際問題、とくに民族問題の解決であったことに気がついたのである。振り返ってみると、関西大学の２部に通い、英語を学び、米国に留学したのは、民族問題の解決というアトラクターに引き寄せられたためである。人は皆、何らかのミッションを与えられて生まれてきている。それが確認できたのである。まさに雷に打たれたような衝撃であった。

そうした中で、昭和44年にカリフォルニア州立大学サクラメント校で、エスニック・スタディを開設する動きがあり参加することになった。タイ・山中を始めとする６人で、エイジアン・アメリカン・スタディを立ち上げた。これが林ヶ谷先生の米国での活動のバックボーンとなるのである。そこではアメリカにおけるそれぞれの民族の問題、差別・誤解・誹謗などが取り上げられた。少数民族は人口の少なさのゆえ、黒人以上に差別され、虐げられていたのである。米国で上映された『トラトラトラ』で日本軍の攻撃機による真珠湾攻撃のシーンで、アジアの人々が拍手をしていたのはこうした心情のあらわれである。

ビジネスで渡米する日本人はお客様なので、それほどの差別は感じていないと思うが、その底辺では厳しい差別が行われていた。日本人は３世、４世になっても一般の奨学金がもらえない、昇進が遅れるなどの差別を受けていた。とくに、当時から一部のグループを中心に日本人をブロックする動きは強かった。日本にはあまり事実が伝えられていないが、現在でも日本人排斥の動きは根強いものがある。日本人は、知らないうちに世界の中で孤立してしまっているのである。

ここに、林ヶ谷先生は少数民族の地位の向上と、各国のゆがめられた歴史を正しく伝える動きに参加したのである。日本については武士道のマイナス面のみを強調した歴史観を正すために、日本の現状と歴史を正しく伝える努力を始めたのである。また、米国における日本人の歴史、とくに戦前、戦中に受けた、虐げられてきた事実を公表していくことも重要な仕事のひとつであった。

こうした動きは順調に進んでいったわけではない。反エスタブリッシュメントへの動きとしてさまざまな抵抗を受けた。表面的な批判はまだしも、嫌がらせの手紙や電話が続き、車の窓ガラスを割られることもしばしばであった。先生の最大の危機は、職場追放事件であった。一部のグループが先生の追放を画策したのである。一時は危ないところまで追い込まれたが、仲間の教員の捨て身の努力により、危うく難を逃れることができた。これらの一連の出来事は、いかに先生の発言と行動の影響力が強かったかを示すものである。そのほとんどが誤解や偏見と妬みによるものであるが、その後も先生の発言と行動に対する抵抗は大変強いものであった。いつの時代も正義が最初から理解されて、受け入れられるわけではない。理がそのまま通るわけではない。正否にかかわらず、新しい考えは批判され、攻撃される運命にある。あらゆる困難を乗り越える粘り強さ、精神力がなければ、一分の理も、正義も実現させることはできない。いずれにしても、こうした激しい反発の中で、エスニック・スタディは活動を続けていったのである。こうした中で、先生は、反エスタブリッシュメントの枠を超え、日本人を始めとする少数民族の地位の向上、ジャパニーズ・アメリカンの支援、さらには日米関係の改善に力を尽くしていったのである。

日本人を始めとする少数民族の地位の向上の面では、先生は仲間と協力し、数多くのエスニック・スタディの講座を立ち上げた。講座を通して、それぞれの国の歴史と文化を教え、ゆがめられた歴史認識の是正に努めた。日本については第二次世界大戦中の強制収容所の実態、戦争の真実、日本人が受けた差別などといった歴史的事実を取り上げた。また、飛鳥時代以降の日本の伝統文化や武士道と禅道を始めとする日本の思想などといった日本の正しい評価と認識に必要な事実を、主観を交えず取り上げていった。これらの講座は、結果として反エスタブリッシュメントの運動を支える学科として定着していった。

アジアの少数民族の支援としては、エイジアン・アメリカの奨学基金を立ち上げたことが挙げられる。ファンド・レイジングにあたっては、様々な苦労があったが、時代の流れを理解した人々の協力を得て、念願の奨学基金を成立させたのである。基金の創設により、正規の奨学金の制度から切り捨てられていた少数民族の教育に、経済面からの支援に道筋をつけたのである。

この他、現地の日本人に対しては、子弟向けの幼稚園から高等学校に及ぶ補習授業校を立ち上げ、日本と同一レベルの教育が施せる仕組みを整えた。当時は、海外で生活する日本人の子弟に対する教育支援体制はほとんど整備されておらず、海外で勤務する日本人の子弟の学力の低下は重大な問題であった。帰国後の学力差は歴然としていた。こうした弊害を避けるために、単身赴任のビジネスマンが多かった。補習授業校を立ち上げることによりこうした家族問題も、徐々に解決されていった。また先生は、その後、次々と設立された補習授業校の教師の研修も行い、日本人子弟の学力低下に一定の歯止めをかけることに貢献したのである。

先生は、日米関係の改善でも多くの貢献をしてきた。日米協会（旧、日語協会）のサクラメント支部理事長として、日米の交流の場を設けるとともに、領事館活動を側面から支援し続けた。ロータリークラブ、ライオンズクラブ商工会議所などで講演を行ったり、活動に参加することにより、相互理解の促進にも努めてきた。

また、ジャパンウィークなどの催事で、ビジネスばかりでなく、武道、能・琴・三味線などといった伝統芸能を披露する企画を実践し、米国人の日本文化理解を深める努力も地道に積み重ねていった。先生の企画した方式は、その後の日本文化紹介のモデルケースとなった。

先生はこうした実践活動に加えて、二国間の交流を深めるには相互に語学を理解し、修得することが不可欠であると考え、日本語講座の立ち上げにも力を尽くした。カリフォルニア州立大学サクラメント校に11のコースを創設した。それにより多くの米国人が、日本語を理解するようになった。日本語教育の普及は大学にとどまらなかった。語学教育の開始は早ければ早いほど効果的であると感じていた先生は、７つの短期大学や中・高で日本語講座を立ち上げた。語学教育を成功させるには、それにふさわしい優秀な教師も必要である。優れた教師と教材、財政支援を抜きにして講座の成功はおぼつかない。この面では大学の講座を通して、日本語教師の育成をはかり、人材面で講座が立ち枯れ状態にならないように支援し、また、財政面でも諸財団の支援を受け続けて行った。

この他、先生は米国日本人協会の会長を始めとして、日米の交流を促進する様々な団体の役員を引き受けたり、日本の大学とのエクスチェンジ・リレーション・プログラムを確立したり、まさに、日々日米関係の改善に力を尽くしてきたのである。

このように林ヶ谷先生は、日本のため、そして米国在住の日本人のために、計り知れない貢献をしてきた。その道は決して平坦ではなかったが、まさに粘り強さ、執着心で、次から次へと降りかかる困難を乗り越えてきたのである。こうした先生の生涯は、日本人が個人としてアメリカ社会で生き奉仕していくことがいかに困難であるかを如実に物語るものである。それはまさに、日本人がこれから国際社会で乗り越えていかなければならない現実なのである。国際化という言葉は大変美しい響きのする言葉であるが、国際化は血みどろの戦いの中でみずから獲得するものである。先生のように、現地に飛び込んであらゆる困難を乗り越えて、その国のコミュニティに受け入れられる人が増えることによって初めて国際化は達成できるのである。林ヶ谷先生の一生は、日本人が忘れかけている、強く生きる事に対するスピリッツと真の国際化とは何かを私達に教えてくれるものである。

第1章 40年を振り返って

1 序論

今日ほど活字離れがはっきりし、コンピュータと携帯電話を情報と娯楽手段にして、日常生活をエンジョイしている国民は世界に沢山いない。パートタイマーはいい方で、ニーターが続出し、伝統的な雇用関係も正常な生活環境も変えてしまった。登校拒否や無責任な人間に育てた戦後の学校教育の「つけ」は、高齢者社会と少子化社会の問題を解決できないまでにしている。更に、津波の如く退職して行く団魂の世代は社会福祉、医療保険制度を崩壊させ、政治の大改革が叫ばれているが、そのプランは具体化されていない。

今日、多くの日本人は、他人の人生論や文化論を読み、そこから何かを得ようとする心を持ち合わせていない。情報過多と低級なマンガやアニメで、知的能力が衰え、空虚な社会でその日暮しの生き方を好む。豊かな社会を悪用し脱落して、空虚で流行の社会をエンジョイすれば、毎日が楽しいが、明日の希望がない。私は、それらの悪い日本の社会面をマス・メディア研究を通じて調査や旅行をし、虚像社会の実態を客観的に見てきた。

日本のマス・メディア研究を三三年間、アメリカ生活四三年の長い貴重な経験と知恵を一人でも多くの人々に知ってもらいたいと思い、講義ノート、大学や公共団体での講演（スピーチ・テキスト）、新聞や雑誌への寄稿文、文化交流などのプログラム、研究や調査の記録等を整理して、個人の知的財産を読者と分かち合いたいと考えた。

サクラメント州立大学を二〇〇三年八月に退官し、名誉教授の資格を与えられ、研究室で研究活動が続けられる余裕のある先生になった。そこで、毎日の調査や研究で論文を発表する前に、自分を見直し、もっと大切な価値のある遺産をまとめて残したい気持ちにかられた。大学の研究室の本棚や家の書斎を整理、整頓していると、忘れられ埋もれた記録、資料や書き物がほこりをかぶって出てきた。その多くは、私個人に関係するよりも、サクラメント州立大学の日本語と大学交流、日系コミュニティー、日・米関係、日・米問題、高校や補習授業校の日本語設置、日本の英語教師の研修会、西部沿岸諸州現地採用教師研修会、成人日本語弁論大会などといった、私が責任者として仕事をしたものである。

これらの体験に基づく資料やプログラムを捨ててしまおうと思ったきっかけは、左眼球の切除という大手術であった。しかしながら、一ヶ月に亘る闘病生活の間、自分の生命と業績たる遺産の価値とを比べてみると、戦後、日・米交流のパイオニアとして、自分の苦闘と奉仕を、「日・米文化交流の懸け橋」の型で実際に構築した行動家は少ないことを教えられたのである。

そこで、唐沢昌敬教授と小川浩一教授に相談したところ、是非、自分の業績を本にまとめるように言われた。サクラメント州立大学では、マイク・リー副学長とオーティス・スコット社会学文学科学部長にも相談して了解を得た。唐沢教授がわざわざサクラメントに来られ、大学関係者五人と面談され、出版社も確定された。問題は、「自分史的な本」は、退職後の余暇を利用して、自分の経験や専門知識をまとめたり、海外旅行や外国生活の体験、情報誌的な本になりやすい。私の本はそのような性格の作品ではない。私は日・米間の政治、社会、経済、貿易、教育、防衛問題などを取り上げ、人権、文化、文学、習慣、芸術、考え方等を掘り下げ、矛盾や相克する土俵に立ち入って考え、行動してきた。従って、自分たる「個」を、日・米の「全体」の中に突き込み、個の働きによって、両国の国民に訴え、親善、友好、交流に積極的に参加してもらうことが、私の使命的働きであった。

カリフォルニアでの四十有余年の人生は、大学生、大学院生、教授生活を通し、日本人のアイデンティティを捨てず、日本人の特長や性格、日本の自然の美しさをアメリカ人に教えることだった。日本特有の民族、伝統、文化、芸術、言語や文学は簡単に説明ができない。わけても日本人特有の「考え方」は誤解をまねくことが多い。それには「個」が犠牲を覚悟でアメリカ人に理解させる積極的な働きかけが必要であった。自分たる「個の働き」は大きく分けて二つに分類されるが、まず、UCバークレー校到着までの船旅とバークレー校で起った大きなショックが自分の人生観と教育精神となり、今日の大きな問題を正しく批判し、別の見地から考えることができるようになった。それらを以下の二つの点に絞ってまとめてみた。

(一)「大学教授としての働き」では、アイデンティティと日本語クラスの創設、補習授業校の設置、サクラメント地方における高校での日本語クラス。

(二)「日・米文化交流推進者としての働き」では、大学を中心に、また、日語協会を母体にした交流。

そして、これらの働きをサポートする論文、手紙、ニュース記事、推薦状をできるだけ添付した。

UCバークレー校への船旅

一九六三年八月十四日、高征丸（大同汽船）で十五日間の船旅に出た。八月十二日に東京のアメリカ大使館で渡航ビザが取れ、その夜、大阪へ帰り帰省シーズンの大混雑の汽車で十三日に、東京に帰り着き、十四日横浜港からブラジル行きの貨客船に乗った。東京では荒木敏雄夫妻の好意で一泊させてもらい昼頃に出航するので少し休むことができた。義母は一人で大阪からかけつけてくれ、六月六日に結婚した新妻、弘子と荒木夫妻、覚正君五人の見送りであったが、淋しい別れではなかった。飛行機で行けない貧乏学生の引け目を感じるより大希望に燃えていた。妻も別れを悲しんでいなかった。

二日目の夜から大雨が降り出し、船が大きく揺れだし、体をベッドにくくりつけなければならなかった。三日間位揺れが続いたので食事も余りしなく、体調もこわし、ずっと寝ていた。やっと、大雨も止み、船長らと朝食を取り、自己紹介もあって、びっくりする位立派な人が乗っているのが分かった。当時、一ドルは三六五円、ヤミ市では四二〇円で、留学生は二五〇ドルまで持ち込みが許されたが、ドルの実質価値がピンとこなかった。

北回りのアリューシャン列島を横目に、アラスカ、サンフランシスコ市を見て、ロスアンゼルス港に着いた時は、遠いアメリカにやっとたどり着いた感じがした。港内で、坂本九の「上を向いて歩こう」がラジオから流れ、我々を歓迎してくれていた。迎えに来て下さったドナルド・塩崎さんは守口市の三洋電機常務の塩崎実さんの従兄。二回日本で会っているので知っており、色々とお世話をしていただき、税関手続きでの問題も解決して下さった。

私のXレイには、胸に斑点があるから、医師の診断がいる。二、三時間待つように言われたが、塩崎さんの説明でどうにか通ることができた。大きなステーション・ワゴン車が、フリーウエイを走り、大邸宅で夕食を親戚達と頂いた。これこそ、広大で豊かな自由の国だと実感した。もう一日、ゆっくり、トーラント市に居るように誘われたが、九月三日迄に大学に着き、学生登録をしなければならなかったので、一日の朝早くグレーハウンドバスに乗り、一日がかりで（15時間）、バークレー校のIハウス（International House）（外国人のためのホテル）に夜遅く着いた。大勢の外国人を一度に見て、話しかけられたのは初めてだったが、新米の日本人を迎えてくれ、部屋を貸してくれた。食事は、ハンバーガーとミルク・セーキ（初めての食べ物）。寝る前にビールを注文した。世界の優秀な研究生、留学生がIハウスに宿泊しているので、眠りにつく頃、夢が現実味をおび出してきた。二日、大学の留学生センターへ行って手続きをとろうとしたが、レーバ・デー・ホリデーだった。翌日、センターに行って注意された。留学生は、二週間前に来て、オリエンテーションを受けるようになっていたが、私は、ビザの問題で日時がかかり、また、飛行機で来られなかったので、遅れたことを説明すると、「パン・アメリカン・エア・プレン（PANAM）がある筈だ」と。切符が高くて買えなかったと弁解しても、明日からの英語のクラスだけ割り当ててくれ、ボルト・ホール法律学校で、学部長に会うように言われた。「さようなら」を言って別れる時、「ユー　スピーク　グッド　イングリッシュ」と言われたがほめてくれたのか、冷やかされたのか分らないほど落ち着きを失っていた。明日からの授業がとても不安になってきた。

2　学生時代の四つのショック

UCバークレー校ボルト・ホール法律学校教授から、「君は落第生」だから、アメリカでの法律学校の基礎勉強を他の学部で履修するようにアドバイスされた。それで、一九六三年秋学期の中間試験後すぐに学部変更の手続きを始めた時、関西大学は、日本の私立有名大学のリストに載っていなかった。あなたの卒業した大学を調べる資料がないから、再入学手続きを採るのに時間がかかる。他の大学へ行くように言われた。私は、ボルト・ホール法律学校を選んだのは、「ボルト・ホール法律学校は、アメリカで一、二を競う優秀な学校で、国際的弁護士や教授を多く育てている。しかも、公立学校で、授業料が安い」し、ロックフェラー財団奨学金で二年間位勉強できると信じていたからだと。

留学生センター職員は、僕の懇願を聞いてくれ、バークレー校の政治学部に編入する手続きを取ってくれたが、そこも学部卒業には三年以上かかると警告された。関西大学の教養科目のトランスファラブル・ユニット（転校学校が認める単位）は、一四単位だけであった。司法試験合格だけを目標に関西大学二部（夜学）で猛勉強をしたが、教養科目を余り取らないで、早く卒業できる最短距離を選んだ「ツケ」が廻ってきた。言われた通り、政治学部国際関係を卒業するのに三年かかった。恥も名誉も奨学金もなくした自分に「ムチ」打って、バークレー校東洋学部で助手をし、一九六四年八月に渡米した妻、弘子がアパート管理人の手伝いで、どうにか三人が生活できた。休みの時は、レストランのバス・ボーイをしながら勉強を続け、サンフランシスコ州立大学で修士号（国際関係論）も取った。

二番目の大きなショックは、ジョン・Ｆ・ケネディ大統領の暗殺事件であった。一九六三年十一月二十二日、テキサス州ダラス市で、リー・ハービィ・オズワルドによって暗殺された。「ベイ・オブ・ビッグ」と言われる社会主義国家、キューバ侵攻に失敗し、旧ソ連の宇宙開発に遅れを取り、US２スパイ機がソ連の空軍ミサイルに打ち落とされた。アメリカ政府は、ソ連が共産化したキューバにミサイル基地を作り始めた。その軍事基地の撤収を求めて、共産主義大国、ソ連と太平洋で対決し、ニキタ・フルシチョフをやっつけた英雄はケネディ。テレビ受けがよく、名演説家のハンサム大統領が銃殺されたのだから、若者や学生は泣きくずれたのも無理もない。その日は、白黒のテレビが教室内でつけっぱなしだったし、翌日もクラスがキャンセルされた。

三番目のショックは、アメリカは如何に不条理、不平等で不道徳の国であり、人種差別の強い国であるかを知ったことであった。一九六五年から黒人の選挙権獲得運動が始まり、マーティン・ルッター・キング牧師のフリダム・マーチが南部諸州で始まり、ワシントンＤＣまで続いた。アメリカは、ドミニカ共和国を侵略し、ベトナム戦争を始め、共産主義国家を滅ぼそうとしたが、反戦運動が多くの大学キャンパス内で起った。人種差別問題で、ロスアンゼルスのワットとデトロイトでは、警官の発砲がきっかけで、大きな暴動が続いて起った。

マーテン・ルッター・キング牧師は、ノーベル平和賞を受賞したが、共産主義者の刻印を押され、何度も刑務所に入れられた。少数民族の黒人には、アメリカ憲法が保障する基本的人権が与えられていなかった。反戦運動と少数民族の民権運動が毎日のように、バークレー校のスプラル・ホールで行われ、よく見に行った。学外からのリーダーの演説を一生懸命に聞いて、スピーチのやり方を練習した。当時、カリフォルニア州知事だったレーガンは、州警察と軍隊を移動させ、バークレー市街は戦場の様相を呈していた。ヘリコプターから落された催眠弾で、二、三日窓が開けられなかった。そういった状況の中でマーティン・ルッター・キングの暗殺が起った。この暗殺事件は黒人の人々を暴徒化した。権力を使った鎮静化を強行しているうちに、民主党大統領候補であったロバート・ケネディ上院議員の暗殺が、ロスアンゼルスのホテルで、予備選挙勝利宣言直後に起った。アメリカは混乱と狂乱の無法状態になった。

私は、アメリカの良い面だけ、いや、表面だけしか知らなかった。日本でアメリカを自由、民主、平等、機会均等の豊かでおおらかな国であると教えられ、ボイス・オブ・アメリカのラジオ宣伝文句ばかり聴いていたからである。これらの四つのショックで一九六八年頃には、アメリカを見直し、歴史と政治学の勉強をもう一度、少数民族の視点に立ってやり直し始めた。その一つに修士論文は、日本の少数民族の「沖縄基地返還と諸問題」と題し、戦争の大犠牲になり、また、日・米平和条約締結の際、日米安保条約が結ばれ、沖縄領土を日本領土から切り離し、アメリカの植民地にした吉田政権、安保闘争、領土返還問題、再度に亘る棄民、沖縄人の苦難の歴史と基地問題を書いた。「日・米安保条約と沖縄県民の怒り」（商業雑誌第四四号）には、私の率直な意見を書いているので参考にしてほしい。

3　大学教授としての働き

1　言語、文化とアイデンティティは教授の生命

野口晏男元大使は、私の無二の親友で、大学時代から大阪聖書学院の帰り、ご両親の店へ遊びに行き、よくご飯をご馳走になった。私が、UCバークレー校で国際政治学を勉強している時、彼は、ニューヨーク勤務となり、その赴任の途中に、バークレーに立ち寄ってくれた時から家族ぐるみの付き合いをさせてもらい、カリフォルニア州立大学にも日本の国連代表者として講演に来ていただいた。外交官として最高の地位にあり、四〇年間日本を代表して、約五〇カ国の国々を訪問し、国連公使、国際条約交渉のジュネーブ日本代表、スリランカ大使として国のために奉仕された国際人である。その国際人大使に、私が発表しようとしている本に何か経験を書いてほしいと依頼した。退官後、大阪学院大学の国際政治学部教授としての抱負は、自分の経験で大学のパンフレットに書いてあるから、その要旨を引用してもらってもよいとの返事であった。野口君の「アイデンティティと国際人の理解と感覚」を読みながら、彼の人生観、国際人の感覚、日本人としての理解に共鳴し、強く考えさせられ、私を代弁して下さっているから、先生の考えを随所に取り入れさせていただいた。

私の置かれた立場から、初めはアイデンティティは、二つの特性を持っていた。一つは、アジアン・アメリカンとしてのアイデンティティと、他は、日本語補習授業校校長としてのアイデンティティである。

私のカリフォルニア州立大学サクラメント校の民族学教授として、アイデンティティとは、アジアン・アメリカン民族全体の歴史、言語、文化、宗教、芸術や習慣の他に「考え方」をも総合的に理解して、良い点を採り入れ、自分の誇りと自信を抱く精神である。従って、西欧人の政治的、経済的、社会的、軍事的既成概念を排除し、反ヨーロッパ思想を基に、アメリカ社会の白人優越主義を非難する。民主主義の多数決原理を自由、平等思想だけからでなく、少数意見の尊重を重視し、ワスプ（ヨーロッパ系白人プロテスタント）の独占を大学機関で否定する。多数民族の白人と少数民族の非白人（ブラック、ヒスパニック、アジアン・アメリカン、インディアン・アメリカンとその他）を対等に取り扱い、彼等の

古い歴史、文化、宗教、言語、芸術や文学を認め、正しく評価、尊重し、教科書の改訂をも主張する。それは強いイデオロギーに燃えているアイデンティティで、人種偏見、差別に反対する言動力となっている。

UCバークレー校で起ったフリースピーチ運動は、アメリカ建国時代の自由、民主、平等、幸福の追求の教育は間違っていると教えてくれた。少数民族を無視し、ヨーロッパ帝国時代の政治精神と理念を復活させ、矛盾と搾取を容認し、人種差別を偏見の立場から認めていたにすぎない。他民族を勉強し、また、教えず、人種偏見や差別は、経済的貧困の政治制度に起因しているのに、それに目を向けず、教育や雇用関係の差別をも肯定していた。

ケネディ大統領の暗殺（一九六三年）、ベトナム戦争への介入（一九六五年）、黒人市民権運動の活発化（一九六五年）、キング牧師の暗殺（一九六八年）に続く、ロバート・ケネディの暗殺事件（一九六八年八月）、ベトナム反戦運動の暴動（一九六九年）が続発した。反既成体制に政治的イデオロギーで対抗する学生運動と比例してドラッグ・カルチャーに代表されるヒッピー族、ヤッピー、フラワー・ピープルのフリー・セックス賛美に若者は、野外の大規模なジャズ・ロックミュージュックに興じ、社会秩序や道徳を乱し、自由放任の社会で、市民生活の安全も保障されなかった時代であった。

我々は、既成の社会体制には反対するが、少数民族のアイデンティティの確認を基盤に、多数民族との対等を訴え、平等の取り扱いと機会均等を叫び、ダイバーシティ（多種、多様民族）社会の実現に政治運動を転換させた。昔の概念のアメリカナイズエーションは、サラダ・ボールやメルティング・ポット社会のためではない。マルティ・ラングエジ、マルティ・カルチャ（多種言語、多種文化）の教育を強調し、二カ国併設語の教育を大都市で実施させた。サクラメント市教育委員会は、スペイン語と中国語の二カ国語併設教育を認可したが、残念ながら日本語は、生徒数が少ないことに加えて、予算がないという理由で却下された。

一九六九年秋、カリフォルニア州立大学サクラメント校に非常勤講師として、ＵＣデービス校から転勤してきた時は、アジアン・アメリカンの学生運動が大きな盛り上がりを見せていた。サンフランシスコ州立大学では、ベトナム反戦に伴い、少数民族のブラック・パワー、チカノ・パワー（Chicano Power）が叫ばれ、ブラック・イズ・ビューティフル（Black is beautiful）、スモール・イズ・ビューティフル（Small is beautiful）のシュープレル・コールが続いていた。これらの学生運動は少数民族のアイデンティティを政治的スローガンで現わした最初のものである。ブラック・パンサー・グループは、それを暴力で表現した。

サクラメント州立大学に何もなかった日本語、文化、民族学プログラムを創設する強固な情熱は、バークレー校でこれらのスローガンに共鳴したからである。ヨーロッパ人の歴史、政治上の間違いを正す教育から始めることが必要である。教科書の改訂、予算の獲得、学生数の確保、大学指導者との会談、学生運動の支援等、仕事が多すぎた。私は、民族学科科長のタイ・山中教授が、アジアン・アメリカン学科の責任者でなければ、辞職して、日本に帰っていたであろう。その創設当時、米国移民局から、ビザの切り替えを拒否され、ニクソン政権の反体制思想を持つ外国人教授の締め出しに遭った。

大学の学長、副学長、学部長、留学生センター所長、山中教授等に加え、多くの学生の支援を得て、強制送還は免れた。子供三人が通っている小学校校長の嘆願書には、私がウイリアム・ランドパーク小学校父母会会長をしていることの他に、子供達の成績が抜群によいことも書いてあった。彼はそれを法廷内で読んで、私も家族も、共産主義者ではないと連邦訴追官に諭したのである。私をラディカルな政治活動家であるとFBIに密告していた女性は、私が作り始めているプログラムの先生になりたかったのである。

何も無い中規模の州立大学で、日本関係のプログラムをアジアン・アメリカ人の見地から創設するのは簡単な仕事ではない。コース設置以外に図書館の充実、パートタイマーの採用、教室の確保、FTE（Full Time Student Equivalent）制度で先生と学生の割合、カリキュラムの認可手続等々を思い出すと他の教師がうらやましく感じられた。

日本経済が、アメリカのベトナム戦争のお陰で軍需が急増し、「神武景気」でうるおっていたので多くの教授は、日本語講座の創設は、日本の企業か政治援助でやるべきだと考えていた。この見解は教授会で否決されたが、ヨーロッパ系のイタリア、フランス、ドイツ語を一コースずつの削除を唱えた私の予算分取り方法は、彼等の「頭に来た」のである。新任の中国語教師と私を懲戒免職にする動議が可決された。この懲戒免職の公聴会は、大学内に大きな波紋を広げた。三年に及ぶ審査にもかかわらず、「人種差別」か「学問の自由」と「真理の探究」かの争点をぼかし、結局、予算カットを各言語学科が少しずつ負担することになって、結審をみたのであった。中国語の教授は、新設人文学部に入り、私は民族学部教官に残り、日本語を教える合意をしたので、日本語を教える以外の仕事が増えた。修士論文を読み、民族学科内の役職も負わされた。懲戒処分にも負けなかったので、「ウォリア・ショー」(侍、昭)の異名で呼ばれだしたのはこの時からである。その名の通り、毎年、少しずつコースを増やして行って、十一クラスを作り、マイナー・プログラムにまでに仕上げた。それには、予算獲得ばかりでなく、日本交流基金や財団、NCEから寄付、寄贈を貰い、非常勤講師を雇い、大学図書館には、JETROから日本関係の参考書、百科事典、フイルム、ビデオ、副教材等を寄贈して貰って、プログラムが少しずつ大きく充実して行った。

プログラムは、マイナーになるとアジアン・アメリカンのアイデンティティから離れて、経済大国日本を教えなければならない。会話中心の日本語プログラムをビジネス中心の日本語に変え、読み、書き、漢字や文化を強調した。サンフランシスコ成人、学生日本語弁論大会には、進んで参加し、有名大学の弁士を押えて、優勝した。一、二、三位を勝ちさらった年は、ワシントンDC、ロス・アンゼルス大会でも優勝した。この、成人・学生日本語弁論大会で入賞することにより、他のメジャー大学と競争できる自信を学生に与え、賞を獲得することで、色々な奨学金を貰え、日本で勉強できる機会が与えられるので多くの学生は参加した。学生は、私の熱心な教育指導に喜んでついてきた。木曜日は、朝七時から八時まで、昼は十二時から一時、土曜日も補習授業校で、十一時から一時間特別指導をして弁論大会に備えた。「プラクティス・メイクス・パーフェクト」は、私の英語弁論大会優勝の体験から言える格言であった。

一九八〇年代前半に、日系三世のアイデンティティ・クライスが起った。日系三世は、日本の急激なアメリカ経済進出を好まなかった。日本語も文化も経済競争の中で受け入れる学生はだんだん少なくなった。上級日本語の三分の二は、白人かハッパ(混血児)で、ビジネス、コンピュータ、機械、工学がメジャーで、一昔のように、英語、歴史や社会学部の学生ではなくなった。祖父母から習った日本語は、標準語ではなく、漢字と敬語の使い方で悩み、日系人の自尊心が傷つけられた。アイデンティティもアメリカ人のマジョリティ、メイン・ストリームの中に融和する自分を選び、難しい日本語から遠ざかっていった。日系三世は、良い成績で、専門職をめざし、上流社会の中に自分達の地位を作っていったが、人種上も、歴史上でも、文化的精神の葛藤を取り除けなかった。

日本の大学との交流は個人のベースでは、しやすいが、大学と大学の提携になると難しい。どちら側にも弱点がある。大きな弱点は日本側の方より、サクラメント州大にある。七学部、二万九千の学生、三千二百人の教授、五千人の職員と大規模の州立大学であるが、カリフォルニア教育制度で博士課程がない(例外として教育学部)。加州の州都であり、全米でも優秀な大学の一つで、全米オリンピック競技選考会会場でもあるので、有名になると相手選びに色々と難癖をつける。私は横浜国立大学と提携を結ぶようにするまで、五年以上かかり、四つの大学を訪問した。提携大学の所在地を東京の近くにしたい大学側の固執で、まとまりかけた提携もだめになった。二〇〇〇年三月に横浜国立大学代表とワシントンDCで仮調印にこぎつけた時は、新任の国際交流センター、ジャック・ゴッドマン博士と喜び合った。日本の代表者三人には、帰国前に大学に立ち寄ってもらった。私が大学への奉仕として働いた最後の仕事になった。

2　日本人としての海外子女補習校

日本人としてのアイデンティティは、海外子女補習授業校を創立した時からの大きな問題である。日本の大企業は、グローバライズゼーションを経営の基本に市場経済化と国際化を押し進め、英語を話せる人の養成を急いでいる。ポート・オブ・サクラメント補習授業校は、日本企業誘致のために、メルビン・ショア元サクラメント港湾局長とユニオン・バンク支店長（故人）と私の三人で作ってから、二十八年になる。学校の目的は、日本の学校に遅れない教育、国際社会に独立して生活できる能力を養い、日本人としての言語、文化、社会、習慣、知識を教えるためである。

原則として日本国籍を有する者、或は、一方の親が日本人である事が条件なのであるが、両親共、日本国籍を持たない家族も入学させるか、問題になった。我々の学校は州立大学サクラメント校の校舎を使っているので、人種、国籍や信条問題を入学条件にはできない。その他に日本人としてのアイデンティティも余り強調できない。アイデンティティの核心的要素は、日本語と文化であるから、外国人でも学生と協調し、補習校の文化行事にも参加し、知識や行動でクラスの邪魔にならなければ、入学させている。現在、中国系アメリカ人が三人いるが、日本の小学校で勉強してきた優秀な学生である。

野口元大使が言われる国際社会に活躍できる人は、「自分のアイデンティティを持ち、自分の国のことを勉強し、それができて、外国の良いものを取り入れる人である。国籍、人種、宗教の違いよりも、個人の個性、資質の違いの方がずっと大切である。国籍や人種が違っても気持ちが通じ合い信頼できる人々は少なくない」と。

私は、補習校の学生に、日本語と英語を両立させる勉強をするように訓示しているが、アイデンティティの狭間で悩み苦しんでいる。アイデンティティの高揚は、学習の進歩に付随する大切な精神的要素で、第一言語の日本語と日本人のアイデンティティに深く関わって、身にしみついていなければならない。日本語が発達し、日本文化がよく理解できれば、日本人のアイデンティティが強くなる筈である。

一九六八年にノーベル文学賞を受賞された川端康成先生が、日本の美しい自然、社会、女性の美、神秘性を禅の教えを拠り所に、日本文学の中で確認された。封建社会の日本をアメリカ社会から観察すれば、「悪」であろう。戦後、アメリカ教育の学者は「村社会」、「縦社会」、「甘えの構造」、「考えない日本人」等と、日本の社会事情を博士論文に書き、大変な人気を博した。根本的には、「天皇制の日本」、「戦前の日本」、「軍国主義の日本」は、「悪」であって、民主主義のアメリカは「善」である。ルース・ベネディクトの「菊と刀」は戦前の日本人の精神と社会構造をよく分析していて日本を見直すのに重要な本であるが、多くの大学はこの「菊と刀」を学生の副教材にもしていない。従って、日本人学校に来る保護者は、「戦争は知らない」、「原爆投下は知らない」、「新憲法は知らない」、「親孝行は知らない」、「恩は知らない」というように知らないづくしである。それに、日本人を卑下している。戦後教育は日本人の文化、日本語、宗教の否定であり、侵略戦争の懺悔の念であるが、日本人の精神まで骨抜きにしている。日本人のユニークな民族文化は多くの面で、アメリカ文化と二律相反するが、よい所は、他国の人々に教えてやってもよい。

親の国際結婚で、子供の勉強、躾に悩む母親が多い。小学校位まで、母親の言う事を聞くが、中学生の初め頃から、父親に付く。現地校の勉強の難しさに加えて、補習授業校の勉強は、加速度的に増え、難しくなる。勉強に遅れて、学校を休み出し、退学するのだが、大きな原因は子供より、親のアイデンティティの持ち方である。どちらかをしっかり植え付けなければ、子供の進学に狂いができる。我々の学校は、アメリカの補習授業校で最優秀である。西部沿岸諸州現地採用教師の学会を三度開催したが、各学校から出席の先生方も、我々の学校をモデルにし始めた。朝礼、ラジオ体操、生徒、先生のお話を二十分で済ませるためには、生徒も先生も準備と補習が必要。先生は、日・米の行事、祭日、習慣、文化の違いを五分以内で話す。間違いは、生徒も校長もその場で訂正する。規律や躾は大声で言わなくてもする環境と校風になっている。多くの高校卒業生はアメリカのトップの大学へ入学。日本でもトップの有名大学へ真すぐ、或は、有名高校から進学している。二十八年の歴史の中で、一三八人の小、中、高卒業生を送り出したがUSシステムに８人、カルテックに２人、MITに１人、CSUSシステムに３人、日本では、東大１人、東京外大１人、上智大２人、国際キリスト教大３人、東北大１人、静岡大１人、東京理科大１人で慶応大５人、早稲田大１人がいる。

学生には日本の文化行事や学校行事に参加を強制し、卒業式には、国歌、仰げば尊し、蛍の光を斉唱させ、来賓の祝辞には、在SF日本総領事館の代表、大学側の代表者には学部長、副学長の苦労談の祝辞を頂き、日本の卒業式より厳粛で内容的に重みがあるとの定評。このような立派な学校に育ったのは、校長の奉仕たゆまざる努力の他にアイデンティティの高揚を始め、理事会、父母会の奉仕、先生の教育に対する情熱と保護者の支援や協力の結晶である。サクラメント補習校は、文集「はばたき」を出版して二十一号目。学生の文集は、日米タイムズに掲載され、作品の立派さに読者からの高い評価が送られてくる。創立十周年に、先生と生徒が考えた、国際社会に貢献できる人材を目指し、「ちっちゃい地球人」をモットーに勉強している。我々の目指す国際人のアイデンティティは地球人なのである。世界は大きく広いが、学生が「はばたける」だけ、努力しようとしている。「はばたき」と伴に読んで下されば、私の海外子女教育への情熱を理解して下さると思う。

3　サクラメント地方の高校に日本語

日本人補習授業校がまだ創立されない一九八二年に、教育学部教授のテリー・トーマス博士が、アカデミック・タレント・スクール（教育上タレントがある中、高生）を対象に夏期講座を作る計画を持ちかけてきた。私はまだ大学からテニューア（終身雇用の特典）を貰っていないから、学術研究発表（大学院のポスト・グラデュエト・スタディス）に追われている理由で断ったが、「日本語を六週間（週五日、一日二時間）だけ教えてくれ、色々先生を探してみたが誰も適当な人がいないので頼む」と。同僚の好誼で教えて、直感したのは、「サクラメント地方の中、高生は、日本語を習っていないのだ」。ヨーロッパ言語は正規クラスで習っているが、中国語、日本語クラスの科目がない。これは、サクラメント州立大学に来た当時と同じで、言語教育は早い方が良いという信念を持っているので、夏期講座ばかりか、高校の正規カリキュラムまで作ろうと決心した。サンワン教育地区とサクラメント市教育地区の教育委員に話し合って、日本語教育は日本経済と貿易上カリフォルニア州には絶対必要であり、州都サクラメント市から始めるべきであると話し合って合意ができていたが、当時のプロポジション十三号で不動産税が半分にカットされ、学校予算も大幅に削減されてしまった。日本語が国際ビジネス・プログラムの一環としてまとまりかけていた矢先の予算カットで、六年間も正規の科目にはならなかった。が、夏期講座では、初級一クラスの二十人でなかなか人気があった。アカデミックス・タレント・スクール（ATS）は授業料を払わなければならない私立の夏期講座である。能力があっても、授業料が払えない学生、交通の便がない学生の負担を誰がするか。大学の建物賃借料を三分の一の格安にしてもらい、先生の補償も一律20％カットで、お願いすればできることがわかった。何事もパイオニアは、犠牲を覚悟でしなければならない。今日では、ATSのクラスは全部で六十のクラスがあり、約二八〇〇人の中、高生が学習している。私が、三年間教えて代りの先生に頼んだのは、オレゴン州立大学のアジア学術学会で加州の「日本語教師不足」を発表するため、調査、インタビューと論文に追われていたし、一九八六年三月十日から「日本週間86」を開催する準備のために時間が必要であったからである。「加州の日本語教師不足」は、学会後、論文が「日米時事」新聞に掲載され、かなりの反響があった。日本貿易、経済に関係ある主要都市の教育委員会に英語版を送った。

「日本週間86」は、別の機会のところで述べることにして、サクラメント地方の日本語コースの設置にふれることにする。

言語の普及は、理解者たる先生、教育者、父兄の他に強力な政治、経済的な団体のバックアップが必要。同時に、その言語を習いたい学生数と人口比例のバランスが普及度の鍵になる。「教育もポリティックス（政治）だ」と言われるのは、サクラメント市だけではないのである。

「日本週間86」の後、サンワン学校区副教育長と親しくなり、サクラメント地方で「インターナショナル・アカデミー・クラス設立」に参加してくれないかと依頼された。それが大成功して、インターナショナル・ビジネス・カリキュラムの中で日本語を教えるクラスがミラ・ローマ高校で、一九九〇年に始められた。このカリキュラムをモデルに、いくつかの高校が、日本語を教え始めた。

このように、大学、補習校、地方の高校への奉仕は読者の想像を絶する時間、苦しみ、落胆、怒りが伴う。子供達３人のUSバークレー校卒業式に一度も出席できなかったのは、日本語クラスの設置や補習校授業後の掃除であるが、子供は一言も文句を言わなかったことで救われている。

4　日米文化交流の推進者としての働き

日米交流推進者としての働きを大きく分けると、一つは大学を母体にした働き、他は、日語協会（一九九五年に解散し、日米会に合流した）の会員、またサクラメント支部会長と本部会長を通じて行った交流の働きがあり、まず、日語協会の働きを述べて、日英両語による交流の必要性と大切さを書いてみる。

1

米国日本語協会は、一九六三年九月に発足し、三〇年有余の歴史を閉じたが、米国民に正しい日本の姿と文化を紹介し、日米国民の理解と友好親善の増進を図った。成人・学生日本語弁論大会と生徒の「お話大会」を年中行事として他にも大きな文化行事を行い、日系人の尽力によって、日米友好関係が益々発展するよう努力してきた。

ところが、「日本語を話すグループの集り」のように一般に見放された。四つの支部（サンフランシスコ、サンタクララ、ストックトン、サクラメント）があって、それぞれ地域に溶け込み、住民のニーズに適した交流をしてきたが、会員が少ないと大きな行事はそう簡単ではなかった。日語協会は初めは日系二世、戦争花嫁と帰米二世の集りで、教育も教養もあり、高いレベルの日本の文化、芸術を身につけすぐれた人が多かったが、新一世は会員に成りたがらなかった。それには、各地方には伝統的に色々な宗教団体、県人会、庭園組合、お稽古関係の演芸、芸能、お茶、お花、音楽クラブ等があり、日本語を話すクラブを下げすんでいたことが理由である。アメリカにいて、何故、日本語を話す日語協会が必要なのかと大きな疑問が投げかけられた。「日本人と日系人間の交流は必要ではない」と。日本の大企業の進出と敗戦後遺症に裏打ちされ、アメリカナイズエーションの過程で、犠牲者意識を持ち、英語を話す団体が必要なのだ。英語を話す団体の全米日系市民協会は、日米文化交流の条件たる言語、文化、芸術、伝統、美術、習慣に無関心で興味がなく、政治、経済、貿易での交流に重点を置く政治団体である。日本語協会は、いわば日系宗教団体や県人会と日系市民協会に挟まれていたが、文化交流には「正しい日本の姿や文化」を紹介する草の根活動を続けてきた。成人・学生日本語弁論大会（本部主催）、生徒児童のお話大会（各支部が主催）を年中文化行事として、著名文化人、学者、経済人、外交官の講演会、音楽会、演劇公演、日本のお正月料理（おせち料理）講習会（青池睦子）、「一世史」編さん、「一世の素顔」のビデオ作成（故石崎五郎）等、日語協会でなければできない文化事業を地道にやってきた。「一世の素顔」と「一世史」編さんは、サクラメント支部が中心になって、河下地方（ウォルナットグローブ）の一九〇二年代最初の日本人入植者の生活と歴史を早く記録に残す緊急で大切なものであった。その後、カリフォルニア州では公共テレビで放映され、日系テレビ局も日系人の足跡をたどることができる。

日語協会本部主催の主な文化行事を列記すると、ライシャワー博士晩餐会、「日本とアメリカ、その将来」（一九六九年四月）と川端康成講演会「美しい日本と私」（一九六九年九月）を行い、日本でもできない立派な後援晩餐会で日語協会の存在をほめてもらった。

十周年創立記念日は日語協会の記念誌発行に力を入れ、晩餐講演会は初代会長の桑田一明氏（ジャパン・フード社長）で、円満な人の苦労談であった。二十周年記念講演会（一九八三年十月）では、深田祐介氏の「美しい日本」で、日本のステュワーデスの美しさ、礼儀正しさ、サービスの精神を説き、日航の「世界空の旅」を大変面白く話され、他国との競争に勝つ日本企業のカルテを披露された。私は本部会長だったので親しく話して下さり、作品「炎熱商人」にまで話が及んだ。三十周年記念講演会（一九九三年九月）は、石川好講師で、「ストロベリー・ロード」で大ヒットした我らの「好さん」だった。彼は、サリーナスいちご農園を舞台に自分の生活体験を書いた立派な作品で、ジョン・スタインベック作家を思い出しながら話し合った。晩餐会のテーブルには、五つの「ベリー」、ストロベリー（いちご）、ブラックベリー、ラズベリー、ブルベリー、クランベリーを入れたデザートがあり、石川さんの思い出を語ろうとする日語協会員の心づかいが「好さん」との親しみを表わし大変喜ばれた。

文化講演では、「文芸春秋文化講演」柴田練三郎、城山三郎、山崎朋子（一九七五年）、「米国建国二百年記念」と題して、有吉佐和子晩餐講演会（一九七六年）。一九七七年四月、永井道雄元文部大臣懇親会、河野洋平、晩餐講演会「日本文化交流について」（一九七七年九月）。一九八〇年、野村狂言（万之丞一、万作、万之介、四郎）の講演。一九八三年九月は、文芸春秋文学講演会で「二つの祖国」、山崎豊子女史の講演会を後援した（私は論文、「二つの祖国」を日系人の立場から詳しく論じているので読んでいただきたい）。

個人としての文化交流は、メーシー百貨店とクロッカ・アート美術館が共催の「日本美術・工芸品展」であった。日系人団体が私を展示関係一般の責任者に選んでくれたが、責任が重いばかりで問題の多い仕事であった。とにかく、サクラメント地方で初めての大がかりな展示会であって、日本文化紹介には大変役に立つやりがいのある仕事であった。商業科雑誌等三十号特別寄稿「文化交流と一個人」を読んでいただければ、問題点以外に、私がやり残した古美術品の日本返還の困難さを理解されると思う。

これらの他に、文化行事、講演会などを後援したり、参加したりしたが、外務省、日本航空、日系諸文化、宗教団体の依頼でするものが多く、まず、切符が割当てられ、サクラメントから車で片道二時間弱もかかって参加することが大変だった。こういう参加は、「有名税」と言われたが、会員の日本に対する関心も減り、平均年齢も高いグループであったので会員数が少なく、会員である特典も魅力もなくなると新会員のリクルートが大変難しくなった。各支部が催していた学園生徒のお話大会でも資金面の援助（千二百ドル位）を企業や団体、個人の寄付でまかなってきたが、サクラメントでは十二回で終わり長続きするものではなかった。

2　大学教授としての働き

一九七三年夏期講座で日本の英語教師講習会を始めた。日本の英語の先生にサクラメント大学の英語教授が少人数のクラスで徹底的に英語を基本から教え直し、特に会話能力を伸ばし、教授方法の伝授をして、先生にはクラス・コンダクトのデモストレーションをやらせた。クラスは、一日に九時から十二時と一時三〇分から三時三〇分迄の集中講座を週五日間。週末はアメリカ人学生同伴の研修旅行。研修生三二人にしたのは、バス旅行の座席が確保できる数であり、クラスを二組に分けた。能力別クラス編成は、日本の先生方の大きな苦情で、ある先生は、アメリカの能力主義について行けなかった。このような英語夏期講座は、ホーム・スティーを兼ねてやりたかったが、朝九時迄に成人を大学教室に連れて来てくれる家庭（ホーストファミリ）は、一九七三年頃にはいなかったので、大学寮で、食事付きのプログラムにした。四時に開放されると夜は、日本人同士の日本語会話に戻り、私は、夜、寮に訪れて彼等の英語の進歩をテストしてみると期待したほど進んでいなかった。五回の夏期講座後中止したのは、日本で先生が三〇数人集らなくなったからである。

一九八〇年七月、野村狂言のデモンストレーションと講演会をサクラメント州立大音楽堂でやり、初めて伝統芸能を紹介した。一九八五年十月には、我々大学が毎年行っているニュー・アメリカン・ミュージック・フェスタバル（第八回目）を日語協会サクラメント支部の後援を得て行った。世界的木琴奏者、ヨーロッパ木琴音楽コンクール一位の前金夏千子女史を招いた大学側は、ホテル代を工面できなかったので、私の家に一週間泊っていただき、大学で夜の演奏会、三回、サクラメント市立大学、ケネディ高校でのデモンストレーションに加えて、日経メソディスト教会でのデモと「なつかしのメロディ」は、一世、二世の苦労に報いる花むけの音楽会になった。

「青い目の人形」継承使節団のサクラメント州立大学国際親善フォーラムは（一九八二年八月）、初めから問題を起した。この大プロジェクトは、サクラメント、アン・ルーデン元市長と多種民族文化センター所長と他の教授で開催することになっていた。私は、日本で夏期講座と新聞学会（現在マスメディア学会）に係わっていた。帰宅して尋ねてみると、誰もやり手がないし、副学長に懇願されて、不本意ながら引き受けた。まず、準備時間が十分ないこと、日本の継承使節団の代表者を知らなく、団体も分からない上に、連絡、文通や、「青い目の人形」の資料も全部日本語である。歴史を調べてみると、これこそ日米文化交流の戦前の姿が浮き上がり、幼い子供達の平和の願いを引き裂いたものは日本の軍事政権だった。子供達の真摯な交流にひどく感動して、六月末日に「やる」と返事をした。毎日、昼夜の準備で、助手と秘書の応援を借りて始めたが、日本の方がまとまっておらず、サンフランシスコ総領事館の広報部長も疑い始め、手を引いた。大学側も全責任を私に委譲してくれず、多種文化民族センター所長のスーザン・ブルックスとプログラムの作り方、会場、広報、予算の割当でよくもめた。大学は夏休みなので、コミュニティーに広く宣伝をしたが、大新聞もテレビも取り上げてくれなかった。八月四日から十日にかけて多くのプログラムに参加してくれた者は少なく、サクラメント八月六日婦人団体（Sacramento August 6th Women Organization）での人形のスライドショウ以外は観客動員において失敗であった。子供達との交流もニュースにならなかった。現在も「サクラメント八月六日婦人団体」が広島原爆記念日を記念し、私もスライドショウで、青い目の人形を話している。私の論文「悲劇の主人公青い目の人形」を読んで、交流の苦労と難しさを理解してほしい。

一九八六年三月（十日〜十六日）の「ジャパン・ウイク86」は、フランク・岩間弁護士と共同責任で行った最大の文化行事であった。規模ばかりでなく、プログラムの内容、講演者、演奏者、発表者等は、日本の第一人者で彼等は英語も上手だった。大雨の開会式にもかかわらず、サクラメントコミュニティ・センターは、千二百五〇人の満員になった。

アメリカで最初の大規模な総合日本紹介文化行事は、在サンフランシスコ総領事館を主軸に、北加日本商工会議所、加州政府、州立サクラメント大学、加州商工会議所、日系県人会、文化、宗教団体、ライオンズクラブ等の支援を得て出来た。プログラムの主なものは、サンフランシスコ太鼓道場の他、音楽、舞踊、芸術、手塚治虫のマンガ、映画、習字以外に教育、経済、経営、旅行セミナーなど盛り沢山のものを毎日紹介し大成功を収めた。盛田昭夫（元ソニー会長）の講演は「Noと言える日本人」らしくランチョン講演会が大きな印象に残っている。問題は四つの会場に分かれて行われる行事だったので、会場係と総合責任者の私は、立派なプログラムを片手に持って日時・会場とプログラムの説明と引率で大変だった。この「日本週間86」の絶え間ない広報活動によって、やっとサクラメント市はカリフォルニアの州都であり、サクラメント州立大学は、カリフォルニア州立制大学のトップの優秀な大学であると一般に認識されるようになった。

一九八七年三月、「日本古典音楽の夕」を催し、東京那楽四人の会（北原篁山）の純日本楽器（尺八、琴、箏、三弦）を使い、一九五七年モスクワに於いて、世界民族楽器コンクールで一位を獲得された有名なグループの演奏会を開催し大成功したのは、日本基金の全面的な支援があったからである。

一九八七年日本能楽公演会を日本交流基金の依頼で、大学と共催し、サクラメント州立大の音楽堂で行った。橋岡久馬八世一行八名を迎え、デモストレーションと講演であったが、橋岡大先生（無形文化財者）は、フランス語で説明されるので、フランス語教授に頼み英語に通訳をお願いしたため、私の通訳の見せ場がなくなった。日本語が分かる人から、帰り際に通訳の文句が出た。舞台、能面の付け方、衣装、役柄、動き、囃子等非常にこまかく説明され微妙な点と役割の大切さをスライドを使い教えてもらい、伝統芸術「禅」の奥ゆかしさと深さを知ることができた。

一九八七年度は、日本企業のアメリカ市場進出はめざましく、自動車工場の建設から不動産の買いあさり。中でもペブルビーチ・ゴルフ場とセント・フラセス・ホテルの買収はアメリカ市民の感情を害した。その反動的な形で日本の古典芸術や芸能をアメリカに紹介する私の働きが少しずつ喜ばれなくなった。

私の日米交流のかけ橋は、日本の外務省、総領事館、ジェトロ（貿易振興会）の方々がサクラメント州立大学で講演されるのをセット・アップ（設定）することも重要であった。

一九八〇年五月、島之内ヘンリ氏元フィンランド大使を迎え、「日米交流の歴史と現実」と題して、講演をお願いした。会場は日本大使が初めてとあって五百人以上も集まり、大使に喜んでもらったことを覚えている。日系二世の大使としては有馬龍夫氏がおられ、英語の上手なのに驚き尊敬しているが、野口晏男国連公使もすばらしく語学力にたけていた。有馬大使は、元サンフランシスコ総領事で、「ジャパン・ウイク86」の時に一緒に仕事をした関係上今でも年賀状をいただいている。

野口国連大使とは学生時代からの親友で、「日本の国連の役割」と題し、サクラメント州立大学のアジアン・パシフイック・ヘリテッジ・ウイクの一九八六年四月十八日に大講堂で講演された。野口公使は、西部沿岸諸州の大学で初めて、日本の国連の役割を時代を追って話され、アメリカのメディアでは余り報道されていない大切な役割が誤解されていると強調され、メディアの公正と重要さを話された。

カナダ大使を最後に京都大学に奉職された北村汎氏も有弁家で、経済・貿易セミナーでの質疑応答では、日・米の経済、貿易摩擦のいがみ合い、特に日本の市場不公開とアメリカ企業への進出が争いの種であるが、その背景には、ジャパン・インク（日本株式会社）があると喰い下げる学者を上手に説得された。私は知っている教授だったので、セミナーが終ってビールを飲みながら、よく話し合ったことがある。

プログラム責任者は、講演後のレセプションも準備し、講演者が聴手者と個人的に話せる場を持つため、スナックや飲み物の用意をしなければならない。日本語・文化クラブの学生がよくやってくれたが、費用は私の負担が多かった。

ジェトロ（サンフランシスコ）事務所とは、一九八〇年から深い関係を持ち、サクラメント地方で日本経済セミナーを数回行い、カリフォルニア州博覧会のジャパン・デーにブースを出し、日本の貿易、地方の特産物、花展、水石展、田中誠一先生の太鼓演奏など文化を紹介した。その後、続けてセミナーを大学で行い、（一九九〇年十一月）に来られたのは、ヨシタミ・T・アライ会長（システム・インターナショナル（株））であった。演題は「何故アメリカが日本市場に参入できないか」という率直な質問であった。市場閉鎖の日本を貿易不公平と罵る前に、アメリカ人は何をしたかと痛いところを問い掛ける講演で質疑応答も白熱したものであった。日本生まれで日本教育を受け、ロンドンBA（英国）、アメリカのハーバード大経営学を学び（修士号）、アメリカ国務省の言学部で働かれた秀才である。ニューヨーク、アトランタ、ネバダ州の講演後、カリフォルニア州に入られ、サクラメント州立大学は、カリフォルニア州での唯一つの大学に選ばれたのを光栄に思った。彼の講演と前後して日本の貿易、経済、金融の専門家の講演会を開催したが、バブル経済が爆発する前のあわただしい広報活動であった。

これらの日米文化交流のように、個人、日語協会会員、サクラメント支部長、本部会長として、また、大学人として、日米「かけ橋」の働きを続けてきたが、いずれの働きも、最後は「個たる自分」であることが分かってきた。その自分は、大病で左眼を失い、身体も弱り、日本に対する情熱も愛国心も失くし始めた。今まではすばらしい奉仕の精神が犠牲に変わりつつある。自分以外の人に私がやってきたことをしてもらう世代交替も必要であろうと真剣に思うようになった。

Reflection of Over Forty Years

I. An introduction

Never before has there been a time when the Japanese people have turned to the ease of using their computers and cellphones for their communications. With no benefit of reading newspapers or books for their information, we have seen a rise of a new class of people, called, “NEET, ”(non-educated, non-employed, non-trained) who prefer not to work part time. We have seen how it has changed the normal traditional relations of employer and employee.

Post War education has fostered a skipping out of school and all the ill responsibility that results. This will make it difficult to solve the problems of an aged society. Furthermore, Japan has social welfare, medical and insurance problems that the government must resolve. There is a need for reforms in these systems but there are currently no pragmatic plans.

The Japanese people today do not think they can learn something from reading a book on humanity and culturalism. Their intellectual knowledge has diminished due to the various low level comic and animated version that pop up on their screens. They spend too much of their day on this empty activity. They may enjoy this empty and trendy life today, but what about their future?

I have seen objectively and experienced through my research of the real Japanese society and travel for mass media study. For over 33 years of mass media study and 43 years of living in America, I have many experiences and some empirical wisdom that I want to share with as many people as possible. While I was looking over lecture notes, speech texts, articles contributed to newspapers and magazines, various programs of cultural exchanges between Japan and the United States of America as well as various records. I was compelled to feel like sharing my personal asset of knowledge and experience with you.

When I retired in 2003 from California State University, Sacramento, I was awarded the title of Professor Emeritus and I can enjoy my life in research and other activities. However, before publishing articles or doing some research, I found more important was the task to write about the record of what I have done, because these records are related with the Japanese programs of the university and community activities, establishing the Japanese school and classes in the Sacramento City Unified School District and many other programs.

When I was about to throw out these records, I fell seriously ill with Valley High Fever. I started to ask myself if my life was more important than my personal assets—in particular compared with two questions of the value of wellness or the nostalgic legacy. During a month of hospitalization, several friends visited me to cheer me up and I was informed that not many post war pioneers of the past remained to be involved in bridging the cultural gap between our two countries. On hearing this from my American friends, I contacted Dr. Masataka Karasawa and Dr. Koichi Ogawa, who advised me to publish my assets. Dr. Karasawa came to Sacramento to discuss the possibility of publication with Dr. Otis Scott and Dr. Mike Lee—other friends from the University.

The skepticism that I had in my mind is the fact that the personal records that have more interest and value in my long life are so closely related with the problems and issues of politics, society, economy, trade, education and defense arrangements between Japan and the U.S.—and those issues derived from the viewpoint of race, culture, literature, customs, arts and above all, from the different ways of thinking of the two people of both countries. Therefore it is not a book of personalized character—such as one's experiences, specialized in his field or life in a foreign country—or how to travel. My works are much deeper to tell readers to analyze and contrast the conflicts in perspective. In this way, I myself put in the Sumo Ground to appeal to the citizens of both countries to get involved actively to build friendships, good will, and cultural exchanges.

In my retrospective, my life started as a student, the graduate student and professor, but I have never lost my identity as a Japanese person. I taught Americans the Japanese characters, culture and the beauty of the nature for over 40 years. It is difficult to explain briefly the uniqueness of the Japanese race, the tradition, arts and language and it is particularly so to discuss about the Japanese ways of thinking, which often creates misunderstanding. To avoid these misunderstandings, I have worked hard to help one another understand—using two functions: as a professor who established the Japanese programs at the University and at the Sacramento school districts and the Japanese school for Japanese children; and as the active promoter of cultural exchange, in concentration of the University activities and Japanese speaking society.

To begin, I write briefly about my trip to U.C. Berkeley, by ship and four incredible shocks that really made me change my viewpoint concerning America and the fundamental principle of education that helped me think "dual," in analyzing the real issues in the right perspective.

Travel by sea

I voyaged by ship, "The Kosei Maru," a passenger and freight for immigrants who were the last group to Brazil on August 14, 1963. To get a visa to America took me over nine months and the day the visa was given to me at the American Embassy in Tokyo was August 12th. I hurried back to Osaka and returned to Tokyo the next day on a train crowded with Obon holiday travelers. The next morning, after a short stay at Mr. and Mrs. Toshio Arake's home, I was in the Yokohama Port, along with my wife, mother-in-law, the Araki's and our friend Tadashi Kakusho who came to see me off. Even though I could not afford to travel by airplane, I was full of hope and my newly wed wife (married June 6, 1963) did not cry at the long separation.

The ocean became rough from the second day storm, the ship listed left then right, I tied myself to my bed and became sea sick for three days. On the fourth day, the passengers were introduced to the Captain and all of us introduced ourselves. I found that there were two young scholars on board.

The Kosei Maru traveled past Alaska and San Francisco without stopping. We finally anchored at the Port of Los Angeles-spending fifteen days total for the voyage. Sakamoto Kyu's song, "Ue O Muite, Arukoo," welcomed us through radio. Mr. Donald Shiozaki, whom I met twice in Moriguchi City came to the Port for welcoming, and he solved the trouble with the customs officer, who insisted that I had to wait for another 2–3 hours to check the x-rays for TB. I later got into his large station wagon and visited his large house to eat dinner with his family and friends. I became aware of his wealth and richness as well as the spacious and affluent free society of America. Mr. Shiozaki urged me to stay, but I had to be in Berkeley before September 3rd. I took the Greyhound Bus and arrived at the International House late at night and was checked in. That night, for the first time ever, I had a hamburger and milkshake and American beer. Many foreign students and scholars use the I-house for a temporary place to stay, therefore, it was the first time I had ever seen so many foreigners at the same place late at night.

I learned the day after the Labor Day holiday, that I should have come two weeks earlier for the foreign student orientation. I really couldn't make this date due to the Visa delay problems I had experienced and the fact that I couldn't afford a plane ticket. My explanations were met with stern responses from the woman at the registrar's office. I was assigned an English class for the following week and because all classes at Bolt Hall Law School had to meet the Dean's approval, I had to meet with him. When I was about to thank her, she said, "Your English is good." But, I couldn't tell whether she was being sincere or whether she was teasing me. It made me feel uneasy.

Ⅱ. Four shocks that changed me

One of the first shocks I received as a student was when I was abruptly informed by a professor at the Bolt Hall School of Law that I had failed a test and needed to study the fundamental requirements for American law school. After his advice, I worked towards changing my major, but Kansai University was not listed as a recognized educational institution by UC Berkeley. An advisor for foreign students told me that I should transfer to another university because it would take too long to earn a degree. I quickly responded to this by shouting that I had come to this university because of it's high reputation—because it was famous for producing graduates of international law and professors. I had one year of study to be funded by the Rockefeller's Scholarship if I had passed the law school admittance test. After sympathizing with my problem, she helped me change my major, but warned me that it would take three years for me to finish. Eventually, I was able to transfer units from Kansai University, but only 14 units were transferable. It was a big mistake for me to study for the Japanese Bar Exam. As the advisor warned me, it took me three years to earn a Bachelor's Degree from the Department of Political Science. While I studied, I worked as an assistant at the Oriental Languages Department and as a manager of an apartment complex, along with my wife, Hiroko, and I also worked at a restaurant for additional income. We survived and I finally earned my Master's Degree from California State University, San Francisco.

One of the second shocks I felt was when President Kennedy was assassinated by Lee Harvey Oswald on November 22, 1963 in Dallas. At the time, President Kennedy had failed to invade Cuba to institute a regime change; a U.S. spy plane had been shot down over the Soviet Union; and the U.S. was behind development of it's Space Program. The Soviet Union had also tried to build a missile base in Cuba but Kennedy had faced down the Soviet leader, Nikita Khrushchev—inspirational. When he died, students and professors cried openly in the classroom. The next day all classes were cancelled and we watched the events on the television.

Another personal shock came at the discovery of some strongly held racial beliefs that existed in America. These beliefs seemed to contradict the ideas of the Constitution—which guaranteed freedoms. There were practices of segregation—making claims of separate but equal guarantees. But, when movements to guarantee voting rights and marches led by Dr. Martin Luther King from the southern states reached Washington, D.C., in 1965, unfair and unequal treatment of minorities could not be ignored. At this time, the Dominican Republic was invaded, and the Vietnam War started—all to crush Communism. The students began anti-war movements which spread over university campuses nationwide. From Los Angeles to Detroit—demonstrations became violent. When Dr. King was jailed several times—after receiving the Nobel Prize for

Peace—he was branded as a Communist. I could see that Black Americans did not enjoy the human rights that were guaranteed in the Constitution.

The Civil Rights Movement for racial equality, Anti-War demonstrations over the Vietnam War, led to more student demonstrations and plenty of political and radical speeches on the Berkeley campus. Then California Governor, Ronald Reagan, sent in the National Guard to crash these demonstrations. The Berkeley campus was like a war zone. When Dr. King was assassinated—violence was seen in cities throughout the nation. When Robert Kennedy was assassinated at the Ambassador Hotel in Los Angeles, it led further to the confusion and disorder in America.

While I was in college, I had been taught the superficial version and aspects of America; the country of the free, equal, democratic and open for opportunity for everybody. I kept listening to the "Voice of America," which I know now to be sheer propaganda. After these personal deep shocks, I started to study American history and politics from the viewpoint of the minority in America. I wrote my Master's Thesis with these new views in mind. My thesis was entitled, "The Okinawa Reversion and American Base's Issues," and was based on the Okinawans, the Japanese minority who had suffered much with the American invasion and separation of territory from the mainland when the Peace Treaty between the U.S. and Japan was signed in 1952. The then Prime Minister, Shigeru Yoshida, abandoned the Islands of Okinawa and made the land a colonial territory of the U.S. occupation. I hope that you will read my article entitled, "The U.S. and Japan Security Treaty and the Outcry of the Okinawans," for further information and history of their struggle.

Ⅲ. Work as a college professor

1 Languages, culture and identity are the life lines for a professor

Ambassador Yasuo Noguchi is a good friend of mine and he studied the English Bible at the Osaka Bible Seminary. While I was struggling for my degree of Political Science at Berkeley, Yasuo visited me on his way to an assignment in New York. He has been a close friend of my family since then. I asked Ambassador Noguchi to speak at California State University in Sacramento—and he accepted my request. When I requested that he give me his thoughts for the book that I planned to published, he gave me his permission to use a pamphlet from the Department of International Politics at Osakagakuin University—which describes his identity, his international understandings and sense. Since his article is similar to my ideas—I can quote some of his passages.

The identity I dearly believe in has two characteristics, one is the identity as the Asian American—the other is the identity as a Japanese principal of the Port of Sacramento Japanese School—the Pal Overseas School for Japanese Education. Based on the identity of a professor of Asian Studies, I realized that American history, language, culture, religion, literature, arts and customs should be taught from a minority perspective—taking general understanding of different ways of thinking into consideration. This approach would give us our pride and confidence in understanding and adopting some of the good heritages of our ancestors. This approach eventually criticizes the European based supremacy establilshed in a long history of political, economical, social and militaristic establishment. Therefore, we emphasize minority opinion based on the majority rule of free and equal—considering that the minority opinion is as important as the majority opinion. We would like to have all minorities to be treated equally and that everyone's history, culture, religion, language, arts and literature be valued.

The free speech movement that occurred at U.C. Berkeley had taught me that the ideas I had of American freedom, equality, democracy and pursuit of happiness since the American foundation, and their education was wrong. They simply kept their political philosophy and spirit of European imperialism that exploited and discriminated against people of color. They intentionally didn't teach the subjects of other cultures—nor paid attention to the cruelty of racial prejudice. Segregation and discrimination against all minorities existed in education and employment. The assassinations, the civil rights movement, the war protests divided America into two dominant groups of young students.

Students who were against the establishment supported other student movements in politics. Other groups of students were called, "flower children," hippies who advocated drug use and free sex—listened to rock music and organized huge outdoor concerts. It was like a chaotic society that had little social order and seemed morally wild, violent—so that ordinary life was disrupted without a sense of security.

We opposed the old established system, however, we appeal to people to think and act on the principle of diversity (multi-racial, multi-cultural and multi-lingual) to achieve equality and partnership with the majority. That was really a big change from other political activities in the past. The Americanization of the past modeled the "melting pot"—to achieve Americanization is wrong. Preserving the multi-racial, cultural, languages of the minority and then co-exist by establishing bi-lingual and bi-cultural education in major cities. The School of Education of the Sacramento Unified School District created the Spanish and the Chinese bilingual and bi-cultural classes, but the Japanese Program had been denied due to lack of student interest.

When I came to Sacramento State University, Sacramento from University of California, Davis as a part time faculty in 1969, there were student movements called, "Black Power and Chicano Power," for the minority students, who also had opposed the Vietnam War. The group was so small compared with the students at Berkeley and San Francisco, but they were ready to shut down the administration. Calling loudly, "Small is Beautiful," Black is Beautiful—they got louder and louder—and declared their identities and demanded the establishing of the Ethnic Studies Center at the campus. The Black Panthers Group in Oakland achieved their goals with violence and guns.

My strong compassion to establish Japanese Programs under the leadership of Professor Ty Yamanaka had been influenced by education and student political movements at Berkeley. I was convinced myself to change mistakes and the old history must be started first educational changes. Revises of textbooks, acquisition of budget. A good number of students, meeting with the leaders of the student representatives, teaching courses—I was swamped. If Ty Yamanaka, the Director of Asian-American Studies had not been my boss, I would have gone back to Japan. About the time I was developing another course, the U.S. Immigration and Naturalization Services denied my Visa change to a residence status. It was a chain of denials of foreign professionals who taught for programs of Eshnic Studies. This was during the Nixon Administration. My residence status had been supported by those in University Administration, the President, the Vice President, the Dean of the College, the Director of International Studies, above all, by the Director of Ethnic Studies and many students sent a petition to the San Francisco Immigration Court. Among the petition papers, was a letter from the Principal of William Land Park—the principal of the elementary school attended by my children which was read by the Judge. The letter in part said, that Mr. Hayashigatani was not a Communist—nor was his family. The transcripts of my children to shown to the prosecutor. It turned out that a woman who wanted my teaching position had made this claim and informed the F.B.I. that I was a Communist.

Establishing Japanese courses was not an easy task for students in a medium sized school. Textbooks were needed along with reference books and a certain number of students were needed in order to offer the course. Each new course required forms that needed to go through an approval process.

When the Japanese economy started to pick up during a boom called, "Jimu Keiki—the great prosperity since the first emperor," faculty in the department urged me to apply for grants from the Government of Japan—or from Japanese companies to fund new courses. However, I felt the better strategy was to cut one low enrolled course from each of the three European Languages programs. This did not go over well with some of the other foreign language faculty. A motion was made to impeach me and a Chinese language instructor and this problem lasted for three years without any discussion of the merit of my proposal or the racial implications and lack of academic freedom behind the motion of impeachment. After three years, the three language Chairs agreed to pitch in some money for the new programs. The Chinese professor joined another department (Humanities) and I went back to my old department (Ethnic Studies). My workload increased, but I truly enjoyed working with my colleagues back in my old department. Soon after our victory, I was called, "Warrior Sho." I was proud of this name and I worked hard to build up the Japanese Language program and we successfully made a minor in Japanese possible. Of course, it was hard to maintain a minor status, so I campaigned for donations—requesting grants from the Japan Foundation, NEC, JETRO, and many other Japanese companies helped the Japanese Program. They donated money (grants), films, videos, encyclopedias, references and teaching materials. Responses from various companies was tremendous, but I felt working harder was my form of repayment.

Since becoming a minor program, the identities of the Japanese Americans have been changed—I adjusted by teaching the subjects of Japanese economic superiority in Asia, Conversational Japanese changed to Business Language which emphasized reading, writing and public speaking and culture. Our students competed in Japanese Speech contests for students and adults. Our students won first and second place over other major universities. When our students won, they were eligible to receive others awards and scholarships from the Ministry of

Education in Japan—and several of them received scholarships and three of them received Fulbright Scholarships. I taught and coached participants extra hours every Thursday and Saturday. My belief was, "practice makes perfect," when I won first place in the English Speech contest in the Kansai District. These winning records lasted over twenty years.

I was apprehensive about the identities of the third generation Japanese American students. Their generation did not like the sudden economic invasion of the Japanese multinational companies and they had trouble with language, culture and customs. About two thirds of the Japanese American students did not take upper division courses. Most of the students that did take our upper division courses were students of mixed race (Happa) and some business administration students, computer science students, mechanical engineering and non traditional pattern of students who majored in History, Sociology and English. The language they learned from their grandparents was not standard Japanese. Their speech level and the Chinese characters were considered too difficult and they stopped studying Japanese. They found their identities in the mainstream of the majority and they avoided learning such a difficult language. I feel that the third and fourth generations of Japanese Americans want to be in the upper middle class of American society. They want to become professionals, but their cultural and spiritual conflicts will remain forever.

Individual exchanges between Japanese and Americans are fairly easy—but the college exchanges between Japanese and American educational institutions are very difficult. I have worked in both institutions for many years; I looked for four years for the most appropriate university in Japan. Then, about six years ago, our university finally made a contractual exchange program with the Yokohama National University. I worked with Dr. Jack Goodman, the Director of Global Education in Washington, D.C., in March 2000. We now have exchange programs with two universities: Waseda (private) and Yokohama (national).

2 Contributions to overseas schools

The identities of a Japanese is a big problem since the founding of the Japanese School. Japanese companies are eager to educate English-speaking students for globalization of their business and market strategy. Since the three founders, Mr. Melvin Shore, and the late Mr. Kazuo Osawa and myself had 28 years ago, encouraged Japanese businesses to look at settling in the Sacramento region. The purpose of establishing the Japanese school was three fold: To catch up to the educational level of Japan; to foster an ability to live independently in the world; to preserve the Japanese language, culture, customs and identities. For these purposes, as a rule we educate the students of the Japanese parents, or one parent who has Japanese nationality, but we must teach children who are not Japanese because we will not discriminate. But because of this situation, we cannot advocate the Japanese indentities as we had hoped. We have three Chinese students, who are good students, participating in all cultural and educational activities—just like the Japanese students.

According to the Ambassador, Yasuo Noguchi, people who can work in world organizations have their own identities—they know their own country and have adapted good things from other countries. Individual characteristics and personality are more important than differences of nationality, race and religion. There are quite a few people whom we can communicate with despite our differences of nationality and race.

Although I encourage students to study both Japanese and English, I myself have questions about this dilemma of the true definition of identity. Fostering an identity is essential for an individual's spirituality. In the learning process, identity belongs closely to mind and body and the learning of Japanese language develops along with an understanding of the Japanese culture and I feel this strengthens their identity as a Japanese person.

Mr. Yasunari Kawabata, the first Japanese Nobel Prize winner in Literature confirmed the beauty of nature and social fabric, the beauty of Japanese women and the mysterious elements of the language. Based on Zen Buddhism, Mr. Kawabata taught us the uniqueness of Japanese Literature.

Looking from the American viewpoint, the feudalistic Japanese society was "bad," and scholars found that in America, after the war, Japanese were criticized as a "village society," a "vertical society," dependent on autonomy. "The Chrysanthenum and the Sword," writtern by Ruth Bennedict was rejected by scholars and many universities in Japan don't use the book for reference. Consequently, Japanese parents don't know about World War Ⅱ, nor the Atomic bombs, not to mention, the filial piety for parents and the constitution—and worst of all, they humiliate themselves.

The Post War education denied the Japanese language, culture and religion, but was full of change and expression for confessions of an evil past of Japan. As a result, it mutilated the Japanese spirit. Many aspects of Japanese unique culture has contradicted with that of the Americans, but as advocates, we should teach them the good culture of Japan.

Due to interracial marriages, many Japanese mothers are concerned about the study habits and discipline of their children. Up until Junior High School, mothers can control them, but children tend to associate more closely with their fathers. Most fathers cannot help their children because they do not know the language and this is further compounded with the huge amount of homework their children bring home from school. Eventually, these students get further behind in school and they stop attending. An identity crises arises in both parents and their children when the big decision must be made on whether the child should go back to Japan or stay and attend an American university.

Our Port of Sacramento Japanese School has been recognized as a top school in both countries and is considered a model school on the West Coast. Many graduates of our school have been admitted to top universities and colleges in America and in Japan. In 28 years, 8 students have gone on to a UC, 2 have gone on the Cal Tech, 1 has gotten into MIT, 3 have gone to CSUs and 1 has gone on to Brown University. In Japan, 1 student has gone to Tokyo University, 1 has gone to Tokyo Foreign Studies, 2 have gone on to Sophia, 3 have gone to ICU, 1 has gone to Tohoku, 1 to Shizuoka, 1 to Tokyo Sciences and Technology, 5 to Keio and 1 to Waseda—that has a student body of less than 90.

We encourage all students to participate in all cultural and school activities. The Commencement Ceremony is the highlight of their activities and a celebration of their hard work. We sing the national anthem, "Aogeba too toshi," a farewell to respectable teachers, and Hotaru no Hikari (Auld Lang Syne). The Commencement is usually attended by a Consul from the Consulate General of Japan in San Francisco, the Vice-President or Dean of the College of Social Sciences from California State University, Sacramento who give us inspiring speeches are usually in attendance at this formal event.

Our school published 21 student compositions last year. By special consideration, the Nichi Bei Times Newspaper published a composition every other Tuesday for the past three years. These student compositions are so excellent that I have received many phone calls and letters of praise from teachers and friends. This success had made our teachers and parents very happy. We have a motto, "Small Earth Citizens." We have had this motto since the tenth anniversary in contributing good to the World. Our pursuit is to be international citizens—to make our identities bigger and better for the accomplishment of the school.

3　The Japanese Language classes in Sacramento

In early 1982, Dr. Terry Thomas, a faculty of the Department of Education at CSUS, asked me to help his Academic Talent Search Program during the summer. I had declined, first because my tenure status was uncertain and I was studying in the Post Graduate Program, and second, because I was about to publish a major article on the U.S. and Japan. Because of his difficulty in finding a teacher of Japanese Language, I agreed to join his program. I found that none of the high schools in the Sacramento region offered Japanese. It was the same situation I found at Sac State in 1969. I decided to help establilsh Japanese Language classes in the school district. Learning of a foreign language is very important, especially in California—and the economic trade relations between California and Japan had increased so rapidly that these ties could not be ignored any longer. A general agreement between myself and the school education committee of the district was in place, but then Proposition 13—which cut property taxes in half–slashed all school budgets. I kept teaching another two summers for the ATS Program—because it was a popular program, but compensation was so low for six weeks of work. But, to be a serious pioneer for new classes, I realized that sacrifice was a means for success. Finding my replacement was so difficult, that I wrote a paper on the "Lack of Japanese Language Teachers in California," for presentation at the Asian Studies at the Western Washington State University. My article was published in the Nichi Bei Times and received favorable reviews from educators and business people.

After "Japan Week 86," I became a partner in establishing the International Academic Class in the San Juan Unified School District. The first attempt to make Japanese class in the International Business curriculum at Mira Loma High School in the Fall of 1990. Based on this model, other high schools in Sacramento developed a Japanese Program. Success and accomplishment did not come easy. Agony, disappointment and even anger of spending a lot of my personal time to accomplish these goals would not represent true feelings in my mind. The only regrets that I feel that I missed every commencement ceremony of my own children from U.C. Berkeley—mainly due to the busy work schedule—even on weekends.

Ⅳ. As a promoter of U.S. and Japan cultural exchange

I played two roles as a promoter of the cultural and educational exchanges between the U.S. and Japan. In one role, I was a member of the University, and promoted activities and events; in the other role, I was a member and was president of the Sacramento Chapter and the National president of the Japanese speaking society of America—which disbanded in 1995. In both organizations, I worked and was involved in actively promoting cultural and educational exchanges. First, I will describe my experiences with the Japanese Speaking Society of America.

(1) The JSSA was founded in 1963 and continued its function until 1995. The objective of the organization was to introduce true characters, language, and culture of Japan, and to promote goodwill and friendship between the two countries.

The Japanese Speech Contest for students and adults, as well as for the students of the Japanese Language Schools were sponsored annual events and promoted learning Japanese and a deep understanding of Japanese culture. Our goal was misunderstood—and the clubs of the Japanese speaking groups through four chapters (San Francisco, Santa Clara, Stockton and Sacramento) functioned their mission for the cultural and educational exchanges with few members.

In the early stages of organization, the membership was largely the Japanese American, the war brides, the Kibei Nisei (the American who was educated in Japan), and new immigrants. They were well educated and preserved cultural heritage and language. Some of the Japanese

Americans were hesitant to become members of the high class club. The major reason for not joining in the JSSA was because of the fellowship: Most of the members belonged to some organizations—some churches, flower arrangement, tea and performing arts and music clubs and they looked down on people who only spoke Japanese. They were victims of psychological conflicts resulting from the war and the new economic advantage of the Japanese company. They openly supported the organizations that used English for their Americanization.

The fact is that the members of the Japanese American Citizenship League of America do not speak Japanese, nor know the true Japanese culture or arts. They don't concern themselves about customs and religion. Its organizational aims were political and social and based on civil rights and political orientation. Therefore, the Japanese Speaking Society of America was stuck between the Japanese cultural objective and the civic objectives of the Japanese American Citizenship League. But, the Organization found some sound goals that any other organization could pursue—using their grass roots cultural activity of introducing language, characteristics and culture in the right way.

Besides the annual speech contests for college students and student of the Japanese Language Schools and church organizations, the J.S.S.A sponsored many other meaningful activities—such as speeches of the famous scholars, economists, novelists and diplomats. They also sponsored music concerts, traditional performing arts and New Year's cooking demonstrations. We ventured to collect the records of the first generation and published the Book of the Issei. We also made videos on them (headed by Dr. Goro Ishizaki), and broadcast through the Public Television stations. The Sacramento Chapter spearheaded these two projects. It was urgent and an important task to compile the Issei History and make a video, because the first Japanese immigrants in early 1900 were dying and their original buildings (houses) were destroyed or decaying.

I will now list the major speaking engagements I participated in: Dr. Edwin Reishauer—the former U.S. Ambassador to Japan, spoke on the topic, "Japan and America and it's Future (1969, 4) and the first Nobel Prize winner for Literature, Mr.Yasunari Kawabata, "The Beautiful Japan and Myself,"(1969,9)—started the second big cultural event since the establishment (1963). In the Tenth Anniversary, the first president of the J.S.S.A., Mr. Kazuaki Kuwada's speech about his struggle of the Japanese American as the Kibei Nisei (born in U.S. and went to Japan for their education) who did not belong to either the American nor the Japanese society, feeling personal conflicts of identity.

On the twentieth anniversary, when I was the national president, we invited Mr.Yusuke Fukada, the best novelist at that time, and he spoke on,"The Beautiful Japan," relating to the Japanese beautiful stewardesses of the Japan Air Lines. Their good manners, etiquette and service mind were superb and unquestionable, and were good examples of Japanese Business that can compete with Americans. The thirtieth anniversary was a welcome event. Mr. Miyoshi Ishikawa, novelist and critic, who wrote about his actual life in strawberry country, entitled, "The Strawberry Road." The members of our organization made a colorful dessert consisting of five berries of Salinas, and welcomed him as our old friend.

Among one of the most memorable speeches was delivered in 1976 by Ms. Sawako Ariyoshi on the topic of, "The 200 years since American Birth." It was interesting in both content and familiarity. Another impressive speech was given by Ms. Toyoko Yamazaki, who spoke on the sensitive subject of the Japanese American who had to fight each other in the Pacific War. Her best selling Noble is titled, "The Two Countries," and she discussed in the viewpoint of the hero of the Kibei Nisei who crucified himself by the war—torn between the conflict of this family and country. Since I wrote a critique of her books (Books Ⅰ and Ⅱ), I hope you can read my article.

Those speakers who focused on political leaders were: Mr.Yohei Kono (Foreign Minister); Mr. Michio Nagai (The Minister of Education)-were excellent speakers and well received by the audiences.

The cultural exchanges that I was heavily involved with included the Japan Exposition sponsored by Macy's Department store and the Crocker Arts Museum. The leaders of the Japanese civic organizations really helped with the biggest cultural event to show the beauty of the Japanese traditional arts and crafts of the past. This project, however, demanded some difficult group coordination for its success, but it was one of the most worthy cultural enterprises held in Sacramento. To read in more detail, the complexity of coordinating this three week event, read my article, "The Cultural Exchanges and Individual Functions."

(2) As a promoter as a college professor

I started English classes for Japanese English teachers in the Summer of 1973. These classes were designed to help Japanese English teachers improve their speaking skills and were taught by American professors in a small classroom at Sacramento State University. Our professors taught basic patterns and pronunciation and teaching methods for non native speakers. The courses were intensive—3 hours in the morning and 2 hours in the afternoon, five days a week and at the end of the week the teachers took bus tours. These classes were divided into groups of advanced and intermediate levels and some of the Japanese teachers didn't like dividing the group by level of ability. Since we could not find many home stay accommodations, the teachers stayed at the dormitory on campus. Twice a week a guest speaker would talk about American history, culture, customs and current political issues—in English. The biggest obstacle in learning English is that when the American professors were not involved, the teachers reverted to speaking Japanese. This summer program lasted five years and had an impact of many Japanese teachers and on our campus community.

It was the first time that the Japanese—six century old Kyogen's (comical) performance and demonstrations were done by the Nomura Brothers at the Music Hall at Sac State—designated as intangible national treasures.

In the 8th year of the New American Music Festival, the Japanese Speaking Society of America, Sacramento Chapter—assisted the music concert of Nachiko Maegane, who was the best percussionist (xylophone). Nachiko stayed at my home for a week and performed—at Sacramento State, at Sacramento City College, at Kennedy High School and the Japanese Methodist Church. These concerts and demonstrations were well received by the University and the community.

The Blue Eye Doll's Mission—This international event was held at our university in August 1982—but it did not start off well. The big project was originally planned by Ms. Ann Rudin, the former mayor of Sacramento and a former Director of the Multicultural Center at our university and another Japanese instructor. I declined their request to join in their organizing of this event because I was in Japan during the summer doing research and attending the Japanese Mass Media conference. To my surprise, when I had returned to campus, nothing had been done to organize this significant event. When the Vice President for University Affairs asked me to take on this task, I told him that we should wait until the end of June to make the proper preparations. The Director of the Multicultural Center did not have any prior knowledge of the meaning of the Blue Eye Doll Mission. All the information and materials were in Japanese and the representative did not speak English. This was Peace Project and the story behind it should be told again and again. This is a sad story, and when I heard of it I was so moved, I felt I could not ignore the mission for peace.

I worked on the Project for days and nights with the help of student assistants. But the Multicultural Center did not delegate me the authority to design the program, the booklet, to book the conference room—or work on publicity for the event. During the summer, the community media was contacted for promotion of the event, but only one news edition publicized the event. A Sacramento women's organization, headed by Ann Rudin, managed to attract many to attend the slide show, which was presented at the Crest Theatre on August 6th 1982 and children at a junior high school attended a presentation, but there was no major media coverage of the events. I felt very guilty towards the Blue Eye Mission and have continued to present the slide show to groups that ask me to retell the story of the ill fated peace mission of the American church members and particularly, the children.

The Japan Week, '86 (March 16, 1986), was the biggest enterprise to introduce Japanese culture, arts, history, traditional performing arts, music and animation. Along with these introductions, we incorporated contemporary economic and trade issues that cause so many acute conflicts between the U.S. and Japan. Mr. Frank Iwama and I had been selected among the leaders of the Japanese community organizations and had strong financial support from the Consulate General of Japan in San Francisco and the Northern California Japanese Chamber of Commerce. It took us more than six months to prepare the big scale, quality cultural exchange and introduction, called the General Cultural Enterprises for the Introduction of Japan, sponsored by the Consulate General of Japan, the State of California, and California State University, Sacramento, the California Chamber of Commerce, the Japanese community organizations, the religious and cultural organizations, and the Lion's Club (Japanese American Lion's Club in Sacramento). These sponsoring organizations really helped the coordinators and the cooperation helped for the smooth running of the events. The council groups visited the main sponsors with me and they published the program for the mass media groups well in advance. The major programs started off with the Taiko Performance, the Master, Seiichi Tanaka on the opening night at the

Sacramento Community Center which was packed to capacity. The Mistress of Ceremonies was Ms. Cindy Kohara, Channel 10 television news anchorwoman. It rained heavily on that day—but at five o'clock the rain miraculously stopped. It was a very good start—and there were no major troubles for the six day event.

Classical dance, music and art presentations such as, Osamu Tezuka's Manga (comic) art presentation, famous movies, calligraphy demonstrations and so many other events. During noontime, seminars of education, economy, management, and travel promotion were given using small rooms at the Convention Center. We organized the luncheon speech of Mr. Akio Morita, Sony President, who was so popular as a straight talker, "The Japanese Who Can Say No," the room was to hold 300 and was not large enough, so an extra room with a live t.v. broadcast was added. The only regret for me was that the conference rooms in the Convention Center had been booked for other activities—therefore we had to use three separate institutions depending on the program.

At last, the city of Sacramento-the capital of the State of California, economically powerful, one of the most powerful states in the world, and California State University, Sacramento had been recognized as one of the top universities in the State by the Japanese people.

One year after the Japan Week '86 event, the music department asked me to organize the classical and traditional music concert (March 1987). The group's name was, Tokyo Four Musicians, who won first place in the World Traditional Music Concourse (Contest) in Moscow in 1957. Mr. Kozan Kitahara (Shakuhachi flute) was the leader of the group and performed so beautifully and responded to several encores for an extra half hour. This memorable cultural event sponsored by the Japan Foundation in L.A., and Director Eiichi Hamanishi made the opening message of the evening.

The year of 1987 was the busiest year of cultural exchange in the University. The Noh Group of Hashioka Kyuma (the 8th generation of the Kanze School) was invited by the Japan Foundation, and they demonstrated the Noh plays at the Music Hall. The lecture and demonstration by his six members followed the Hashimoto master's (Intangible National Treasure) slide presentation. Explanation was done in French, as I was told to hire a French professor. His slide presentation was about the Noh stage, masks, costumes, delicate and elegant motion on the stage, musicians and each roles symbolizing the Zen philosophy for the Noh play of 650 years tradition. It was such a profound, delicate and mysterious soul searching show and performance.

The Japanese efforts to catch the America interest was criticized to hide the Japanese invasion to the American market, buying the valuable properties, golf courses, major hotels. My cultural exchange programs were considered one-sided with a hidden agenda to cover up the economic and trade influence of Japan.

Another function as a go between was to set up speaking engagements or seminar conferences of the official diplomats and educators of the Government of Japan and JETRO (Japan External Trade Organizations in San Francisco).

The first major speech given by Ambassador Mr. Henry Shimanouchi, former diplomat to Finland, his topic was, "The History of the U.S. and Japan Cultural Exchanges and it's Reality." The University Theater Hall (550 capacity) was filled with Americans. The first big event was widely accepted by audiences because Mr. Shimanouchi was a Japanese American and the first diplomat to speak at the university. Speaking of the Nisei Japanese, Ambassador Tatsuo Arima was an eloquent speaker with whom I worked for during Japan Week, '86.

Ambassador Yasuo Noguchi, a good friend of mine, gave his speech at our university on the event of the first Asian Pacific Heritage Week in April, 1986. The title of his speech was, "The Role of the Japanese Government in the U.N." His speech was the first given at the West Coast universities, and he spoke of the problems of the U.S. mass media that did not report significant roles of Japan in the world organization.

Ambassador Hiroshi Kitamura, who went back to Kyoto University after service his Ambassadorship to Canada, was a brilliant speaker. He responded so eloquently and in detail. In the question and answer portion, when asked by a professor of Business Administration, who insisted that the major cause of conflict on the trade war was economic institution of "Japan Inc." that closes the Japanese market. Kitamura responded that, "Your information is about twenty years old," and he continued by comparing the U.S. market and it's regulations to those of Japan.

The JETRO office in San Francisco had contacted me early in 1980's about setting up the Japan booth at the California State Expo for the Japan Week, as Japan was designated as the Country of the Year. The special arrangement for displays such as, flower arrangements, Japanese arts, industrial products (exporting items) that were representatives of Japan at that time. The Master, Seiichi Tanaka performed Taiko drum for the California Expo, for the first and his troupe played Japanese religious and traditional Taiko music expressed the soul and spirit of the Japanese people. The sound of the Taiko was thunderous and the players acted more than actors that impressed the audiences so different from the Japanese old music.

Since 1987, the trade war between the U.S. and Japan was overheated, the JETRO asked me to organize a series of seminar and discussion on the Japanese trade. Mr. Yoshitomi, T. Arai, President of the System International (consultant) conducted the third seminar at Sacramento State University. The topic of the seminar was, "Why the American

Business cannot Penetrate the Japanese Market." Because of the format of this seminar series, American participants were invited to join in the debate. The debate often became heated and so serious and often ended without reaching any agreement. But the result was that these seminars were better than a lecture or speech. Our university as again selected for his seminar as one of the four campus in America. After Arai's seminar presentation, the experts of financial fields, economic and trade, visited us. Their intentions were so obvious to calm down the American criticism of Japanese business, but it was too late. After 1988, the Japanese economic bubble burst into pieces in 1990.

As I described my experiences of promoter of cultural exchange programs as the individual, member of the Japanese Speaking Society of America, President of Sacramento Chapter of JSSA and above all, a professor at Sacramento State, the most important of all, is to find out why the cultural exchange programs are so necessary for the goodwill and mutual understanding and cooperation between the Americans and the Japanese. Whatever one can work for this important project, one must challenge and realize the individual contribution is the key to success. I was awarded three major awards from the University and one from the Japanese government and the last one was the Foundation of Japanese Colleges and Universities. I feel extremely honored, but I cannot continue to work due to my serious illness, losing my left eyesight. On top of my physical condition, I have started to lose my compassion and my love of Japan. Japan is no longer my mother country that I wished to keep her in my heart. Japan lost me and I lost her. Devotion and sacrifice cannot go along hand in hand. Someone, in the future should take my work for the sake of the changing generation, and yes, someone should continue to work very hard to bridge the gaps between the U.S. and Japan to keep world peace and prosperity.

第2章

林ヶ谷先生と私

Professor Shotaro Hayashigatani
A True Educator

May 25, 2006

by Ming-Tung "Mike" Lee, Ph.D.
Assosiate Vice president and Dean for Academic Programs
California State University, Sacramento

I have known Professor Shotaro Hayashigatani for more than 15 years now. When I joined California State University, Sacramento in 1990 as a professor in the Management Department, I was introduced to the Principle of the Port of Sacramento Japanese School, Hayashigatani Sensei. An educator, a professor of Japanese and Asian Studies, Professor Hayashigatani has exhibited the utmost spirit that is associated with the highest honor of being a "True Educator." In the phrases of Han Yu, a Confucius philosopher in China's Tang Dynasty, "a teacher is one who conveys the truth, tutors a trade or skill, and clarifies doubts." In his many years of service to the California State University, Sacramento and the Sacramento Japanese community, Professor Hayashigatani has been a true teacher to numerous students he has inspired.

Professor Hayashigatani also has an impressive career in his administrative services as Director of the Asian American Studies Program, Director of Japanese-English Program, and Foreign Student Advisor at

California State University, Sacramento. For his outstanding scholarship and services to the community, he was awarded many honors, Hyosho, NEC Research Grant, National Endowment for the Humanities, and the Rockefeller Foundation Scholarship.

In addition to his teaching and services, Professor Hayashigatani has been an active leader in the Asian American affairs in the Sacramento region. State and local leaders often rely on his expertise and knowledge about Asia and Japan to guide them in important policy and decision making. He has earned the nickname of "Mr. Japan" among many of the leaders and friends in Sacramento.

Sacramento is capital of the State of California, a major trading partner of Japan. For many years, Professor Hayashigatani serves on the Board of Sacramento Area Commerce and Trade Organization (SACTO) to promote the region as a favorable destiny for investment from Japan. Thanks to the effort of Professor Hayashigatani and many others in the community, SACTO has been successful in attracting major projects from Japanese companies such as NEC, JVC, Kikkoman, and Gekkeikan Sake.

林ヶ谷昭太郎教授本当の教育者

2006年5月25日

ミン・タン・マイク・リー博士
カリフォルニア州立大学サクラメント校副学長（学術、教育関係）

私が林ヶ谷教授を知ったのは15年前、1990年に経営学部経営学科の教授に就任した時でポート・オブ・サクラメント日本人補習校の校長でもあった。林ヶ谷先生は、日本語とアジア研究の教授で真の教育者として最高の名誉を享受していた。中国、唐の哲学者、孔子の言葉を借りれば、「教育者は真理を教え、技術や事業を身につけさせ、疑いを無くする人」であるが、彼はそんな人である。彼は、大学、サクラメント地域、日系人社会に長年奉仕し、また多くの学生を励ましていた。

林ヶ谷教授は行政分野においても、優れたキャリアを持ち、アジアン・アメリカン研究科ディレクター、日本人教師英語プログラムのディレクター、留学生相談員として奉仕した。彼はサクラメント大学最優秀教授賞、全国日本学士会勲章、外務大臣表彰、NEC研究賞、全米人文科学、ロックフェラー財団、及び、日本国際基金のグラントを受賞している。

先生は大学の教育に加え、アジアン・アメリカン問題に参画し、州や地方のリーダーと交際し専門知識を求められ、重要な政策決定に助言をし、彼は、サクラメント地方では“MR. Japan”のニックネームをもらっている位である。

サクラメントはカリフォルニア州の首都で、日本との貿易パートナーで、同教授は、サクラメント地域商業貿易協会（SACTO）の評議員で、日本との投資、貿易振興に参画し、サクト（SACTO）は日本からの大きいプロジェクト、例えば、NEC、Kikkoman、月桂冠等の会社の誘致に成功している。私は、林ヶ谷教授のこうした努力に、心から感謝の意を表するものである。

Recollections of Shotaro Hayashigatani

by Jorge A. Santana, Ph. D.
Professor of Spanish, CSUS

It is with great pleasure that I write a brief account of my relationship with my colleague and friend, Shotaro Hayashigatani, whom I have know since 1972 when I came to California State University, Sacramento. During these years I have found that Shotaro is a multifaceted and talented individual who has left a rich legacy at this University and the people he has encountered in his journey through life.

One of my first favorable impressions of Shotaro as a leader was when he directed eight Japanese-English Programs during the period from 1972 to 1979. Our campus was fortunate to see the arrival of many English language teachers from Japan who spent their summers with our local students. These programs gave our campus an international flair that benefited our students and instructors. He inspired me to also become involved in directing travel study programs.

Of the many travel study programs I directed, Shotaro participated in four of these programs with destinations to Mexico, Cuba, Peru and Europe. The groups were made up of students and community professionals interested in learning first-hand about the countries we visited. Shotaro is a good traveling companion who makes any trip that much more enjoyable.

I still vividly recall Shotaro's enthusiasm at spending New Year's Eve aboard a boat in the harbor of Acapulco, Mexico with fireworks lighting the skies at midnight and plenty of tequila for us all to enjoy! In Cuba, in 1999, he was always taking notes on the economic conditions of this island and how the people retain a sense of humor in a land noted for its scarcity of basic necessities. In 2003, in Peru, he was mistaken for Alberto Fujimori, the ex-president of that country, and the immigration officials carefully scrutinized Shotaro's passport as we crisscrossed the Andean country, visiting Cuzco, Machu Picchu and Lake Titicaca. One the trip to Europe in 2004 we visited Spain, France, Monaco, Italy, the Republic of San Marino, Austria, Slovakia, the Czech Republic and Germany. Seeing, in person, some of Europe's monuments and works of art fascinated Shotaro. Antonio Gaudi's cathedral in Botticelli and Raphael, among many others.

Of the hundreds of students that I have taken on travel-study trips to foreign countries I have found that Shotaro possesses one of the most diverse and inquisitive minds that I have ever known. His interests, when we have traveled with groups, have centered on the impact that Japanese business and commerce has had on those countries visited. He has explored in depth the roots of the Hispanic culture as well as the pre-Columbian cultures of the Aztecs, Mayans and Incas to learn about the keys that made these cultures flourish at particular periods in history. It is obvious that Shotaro came always prepared for these trips well in advanced, as many of his questions to the guides or to me demonstrated that he had done some previous research on the cultures we were visiting.

Our travel groups were made up of students and professionals of different ages and backgrounds and Shotaro had no problem fitting in with the other group members. He has always been popular with the participants and guides. Shotaro is an adventuresome person and at times would explore landmarks of his interest on his own, only to forget when the group would have to return to the bus. At one point in our visit to the Guell Park in Barcelona everyone had returned to the bus at the announced time but Shotaro was no where to be found. No one wanted to leave without him and the entire group ran off in small groups to look for him among the many wooded paths of the park. He was found reading up on the architect of the park and peacefully contemplating his serene surroundings. He had lost track of time. There had been genuine concern by the group on his safety.

People have always taken a quick liking to Shotaro as he has a pleasant and lively personality that attracts people to him. His humor and zest for life is catching and people find him easy to talk to. They also see in him a man constantly taking notes who enjoys buying countless books of the cities or monuments we visit. At the end of the trip I could always count on Shotaro's luggage to always be one of the heaviest. He would share his love of travel to others by writing articles of his impressions and experiences and publish them in newspapers.

Besides a world traveler, Shotaro has left his mark as a scholar in academia. His many academic and journalistic articles have captured the relevant issues of our times. Numerous writings have dealt with Japanese and American relations and have proven to be of interest to both countries. His topics have ranged in scope from American issues of interest to Japanese readers as well as mutual issues concerning Japan and the United States. His articles are well thought out and researched, thus enabling Japanese readers to gain a direct opinion of Japanese-American relations. These articles have opened doors to a number of important contacts with Japanese institutions that have resulted in appointments to prestigious educational institutions and foundations that have benefited CSUS and the Sacramento area. Shotaro's scholarly research is well known here in the United States and abroad as is proven by the numerous recognitions and awards that he has received during his tenure as a professor at California State University, Sacramento. As one of many examples, he was appointed guest professor at the Graduate School of International Studies at Obirin Univerisity in Tokyo from December of 1995 to August of 1996.

As a result of these contact with Japanese institutions, a number of CSUS students have ended up in Japan not only to learn the language and culture but also to partake in the economy of the country, thus providing our students a direct link to Japan. A number of students have gone to Japan to work as English teachers and have found this experience to be rewarding.

林ヶ谷昭太郎を思い出して

ジョージ・サンタナ博士
サクラメント州立大学スペイン語科教授

私の同僚、昭太郎に就いて書くのは大変嬉しい。昭太郎とは1972年からの親友で、彼は色々な面に優れ、大学に大きな功績を残しました。1972年から79年の夏期講座では、日本の英語教師の夏期英語研修及び観光プログラムを指導し、大学の教職員も学生も国際的な感覚に触れることができ、彼のプログラムが、私をして、スペイン語の研修、教育プログラムを作らせた動機になりました。

多くのスペイン語研修、旅行プログラムの中で、昭太郎は四つの研修旅行に参加し、メキシコ、キューバ、ペルーとヨーロッパ旅行に参加した。それぞれの国の言語、習慣、文化を習得し、ホーム・スティー等で良い友達を作り、楽しんでいた。

メキシコ旅行では、アカプルコのニュー・イヤ・イブを観光船内で過ごし、テキーラを飲み楽しんだり、キューバでは経済悪化で、日常必需品の不足にもかかわらず、国民はユーモアを解し、生活を営んでいる実態をメモに取っていた。2003年のペルー旅行では、元ペルー大統領、アルバート藤森氏と間違えられ、入管手続きでは、パスポートや手荷物の中身を厳しく調べられていた。我々研修旅行の一行はアンデス山脈、クスコのマチュ・ピチュやティティカカ湖にも行った。

2004年のヨーロッパ旅行は、スペイン、フランス、モナコ、イタリア、サンマリノ共和国、オーストリア、スロバキア、チェコ共和国とドイツであった。ヨーロッパ研修旅行では、彼が強い印象を受けたものは、アントニオ・ガウディ（バルセロナにある）の大寺院、ルネサンス時代の芸術作品、ミケランジェロ、ボティセリやラファエルの傑作美術品であった。

私は過去何百の学生達を世界各国に引率して、研修旅行をしてきたが、昭太郎ほど強い好奇心を持ち、歴史上栄えたアステック、マヤ、インカ文化を鋭い目で観察し、事前研究にもとづいた質問もする研究者はいなかった。

我々の研修旅行グループは、学生、研究生、専門家、教育者で構成されているが、彼はいつも人気者で、性格もよく、ユーモアを解し、話し易い人だった。研修旅行中にも新聞や本を買い、読み、メモを取り、旅行終了後は、新聞や雑誌に旅行記を発表している学者である。旅行者というより教育者で、色々な国を比較し、関心事を掘り下げ、同時代の人々に発言している。

彼は、日米の諸問題を深く掘り下げ、我々の大学とコミュニティーのグループからは、「最優秀学者」として表彰され、また、桜美林大学大学院客員教授として教鞭をとった。教え子たる学生の就職にも力を注いでいる。

林ヶ谷君と私

神保一郎

私が彼と会ったのは1965年にアメリカに留学した時であった。当時はThe University of Southern CaliforniaにResearch Assistantとして雇ってもらったので、少しでも英語を上達しておきたいと思ってBerkeleyのThe University of Californiaで英語コースを取ったのである。私としては初めての外国であるし、本当に不安であった。そこで彼と会えたのでとても嬉しかった。しかし、勉強に忙しく、キャンパスで会えることは、ほとんど無かった。次に会ったのは1976年にハーヴァード大学での仕事を終え、日本へ帰る途中、ロスアンジェルスから家族全員を連れて車でサンフランシスコを訪れたときであった。あの時は夜遅くまで話し込んでいて、その日に車を運転して帰るのに眠くて仕様が無かった。休むために高速道路を降りると、そこは丁度牛集めをしている牧場の真中であった。西部劇でおなじみの風景であるが、臭いし蠅がぶんぶんと沢山飛び交っていて参った。西部劇は匂い入りで無いから幸いであるのに始めて気がついた。私もなかなか貴重な経験をさせてもらった。

一番お世話になったのは1990年スタンフォード大学に居たときである。あの時は彼の講義に招いてくれて、毎週のように彼の豪華なキャデラックで遠いスタンフォードまで迎えにきてくれた。本当に有り難かった。私の頭には日本で出ている縮小されたアメリカの地図が刷り込まれていて、サクラメントからスタンフォードまで大した事は無いであろうと思っていた。今にして思えば随分と遠いのである。文句も言わずに良くぞ幾度も送り迎えしてくれたものと感謝に堪えない。私は最初はバスで通うことを考えたがそこはアメリカ、これが真に大変なのである。サンフランシスコとサクラメント間は長距離バスでは2時間とちょっとの時間であったかと思う。これを自分の車で行くのが車社会のアメリカでの常識であろう。だからバスに乗っている人は車を持てないような極貧階級の人とか、免許証を貰えない、ちょっと頭がおかしな人が中心となる。私はバスに乗っている間中どうも凶暴そうな人に囲まれて心の休まる時が無かった。戦々兢々としてバスに乗っていたが、そんな経験は生涯であのときだけであった。また、サンフランシスコからスタンフォードまでのバスが何故か判らないけれど１台飛んでしまって、用心の悪いサンフランシスコ・ベイブリッジのたもとの暗闇で１時間半も待たされたのには困った。出席させていただいた講義で私の印象に残ったものは、ラッシュの東京新宿駅の風景をヴィデオに取ったものを、この間日本へ行って来たと言うアメリカ人の教授から見せられた時であった。アメリカの広いところでのんびりと暮らしていた私は、あのように混み合った日本に帰って果たして暮らしてゆけるかどうか大いに不安であった。そこに並んで見ていたアメリカ人の学生諸君の目にはどのように映っただろうか。是非彼らの意見を聞きたかった。

それからは幾度か日本でお会いしました。私も歳をとって余りアメリカに行けなくなりました。最後にお会いしたのは若狭の小浜にこられた時でした。このときは泊り掛けで行ったので、夜には豪華なパーティをしていただき本当にびっくりしました。昼間博覧会の会場の中心である食文化館の窓から町を見ていると、ほとんど道を歩く人が見当たりません。これは多分日本の多くの地方都市に見られる現象なのでしょうが、この町はもしこのまま放って置けば寂れてしまうのではないかと心配しました。土地の有力者が幸いその場に来ておられたので、２時間くらい立て続けに喋りました。小浜のようにかつては栄えた町は、多くの人が昔成功した方法をそのまま守ろうとします。しかしどんどん社会が進歩して行くのが資本主義という社会制度の特徴です。昔成功した方法は、それ故に現在ではもう時代遅れになり成功しないことになります。このことを小浜の市長さんを始め随分と多くの人に説いて回りました。昨年までは関西大学の周辺の人と小浜の人との交流に努めました。関大生協で『小浜祭り』もいたしました。今は私が住んでいる豊中市と小浜市の食文化を通じた交流と相互に助け合う運動をしております。こう言った事が林ヶ谷君の故郷『小浜市』の発展に少しでもお役に立てばと思っております。

彼は本当に親切な方です。色々とお世話になりました。私は経済学者ですので彼とは専門が全く違います。専門の分野で彼にお返しを学者として、することは出来ませんが、しかし、私の経済学の応用問題として小浜の開発・発展に努力しております。これが少しでもお世話になりましたことの彼へのお返しになっていれば良いがと思っております。

Wednesday, August 02, 2006

Professor Shotaro F. Hayashigatani:

どうも締め切りに間に合わず、申し訳ありません。遅れた理由は昨夜豊中市と小浜市が協力して“食の安全・安心を目指して『食のバザール』”を9月16日17日に開く予定です。その最も重要な会議がありました。その結果を踏まえて、何かご報告できればと思って今日まで遅らせました。悪しからず。バザールのほかに子供を相手にした『キッズ・キッチン』を学ぶために子供と親を小浜に留学させます。これは子供と親に同時に小浜を宣伝する事に成ります。10月12日にはバスをチャーターして、「とよなか消費組合」(豊中は私が住んでいる町で、私の教え子の上村君がここの顔役をしていてかなり勢力があります。私も色々な事が小浜の人のために出来るようになりました。)の人たちが食文化の研究に小浜に参ります。これらの事が小浜の発展に結び付けばよいがと思って居ります。

夏目漱石が『坊ちゃん』のなかでやっているのを真似て、「です」、と「である」を混ぜて書いてあります。「です」は現在進行形ですが、「である」は過去のものです。

敬具

林ヶ谷先生との出会い

一橋大学名誉教授

大川政三

此度、林ヶ谷先生自分史の企画が立てられたことを知り、大変嬉しく存じます。

私が初めて林ヶ谷先生とお会いできたのは、一九六七年四月から留学を許されたカルフォルニヤ大学バークレー校キヤムパスにおいてでした。それまで海外経験が全くなく、バークレー校についてもさほど予備知識があったわけでもなく、東も西も分らない小生にとって、留学早々に林ヶ谷先生とお近づきを得られたのは、幸運でした。

当時、林ヶ谷先生は、バークレー校図書館の東洋学部門の主任をされていた。どなたの紹介を得たわけではないが、日本関係の文献を相当所蔵しているニュースを聞いて図書館を訪ねたことが、出会いのきっかけであったと思う。

留学の研究目的が、アメリカ連邦政府が新しい予算編成制度として導入したばかりのPPBS（Planning-Programing-Budgeting System）研究にあったので、日本関係文献に興味があったわけではない。しかし、「文芸春秋」などの雑誌を手にしてみたかったからである。

図書館を訪れる日本人研究者はそんなに多くはないから、小生の訪ねたことがすぐに林ヶ谷先生の目か耳にふれたのか、それ以来、公私にわたって先生のご厚誼にあずかることになった。

小生がバークレーに入った頃は、すでに新学期が始まっていて、目ぼしい宿泊先は、すでに新入の学生、大学院生によって予約されてしまっていたので、大学のすぐ近くのカールトン・ホテルという西部劇映画に出てくるような古色豊かなホテルに長期滞在することにした。

大学には、インターナショナル・ハウスと称する宿泊施設もあって、そこには日本からの研究者、留学生もかなりいて、生活上の細かなアドバイスを得られたのであろうが、小生の場合は、すぐ近くにそのような案内役もいず、全くのひとり住いであった。そうした環境の中で、林ヶ谷先生ならびに奥様の知遇を得、心強く、大きな不自由もなくバークレー生活に段々に溶け込んでいくことができた。先生自らが下町に出かけて鮮魚を仕入れ、さばいてくれた料理に舌鼓を打つことも再々であった。

研究上の便宜では、当時、カルフォルニヤ大学組織の全体をたばねる総長職にあったヒッチ博士にインタヴュウを仲介して頂いた。ヒッチ博士は、PPBS創始者であった。この時の縁が、研究者としての小生の方向を決定づけることになり、研究者としての貢献を確実にすることができた。一介の日本人研究者が、しかるべきアメリカ人の紹介状ももたずにカルフォルニヤ大学最高位者にインタヴィユーを行ない意見交換できたのは、林ヶ谷先生のご指導なしには考えられない。

以来四十年、しばしばお会いすることもあり、サクラメントのご自宅に泊めて頂くこともあった。奥様の細やかなご配慮にあずかった。この厚誼関係は一生続けたい。（以上）

林ヶ谷昭太郎様

平成十八年（二〇〇六年）六月十一日　　大川政三

林ヶ谷先生が、自分史刊行の企画を立てられたとのニュースを聞き、両手を上げて喜びました。

以前に一度、お奨めしたことがあったかと存じますが、先生がこれまでに経てきたご体験は、是非後世に残すべきだと思っていました。日米文化の橋渡し役として、在米日本人社会の指導者として、日本へのアメリカ情報の提供者として等々の、先生のご活動、ご経歴は、後世の者にとって貴重な財産です。

先生に対し小生がお送りした書簡十三通を保管して頂いているとのことでございますが、大変光栄なことでございます。今回の『自分史』の中で、お役に立つものがあれば、どうぞご自由にご利用して下さい。

それに追加すべきものとして、別紙の、思い出的なことを書きました。併せてご利用下されば幸いです。

自分史完成まで、これから大変なご苦労が必要かと思いますが、立派なものができ上がることを、心から祈り上げます。末筆ながら、奥様にもよろしくお伝え下さいますように。併せてご健勝祈り上げます。

敬具

若い目で世界を～日米高校生交流の軌跡～

トータル・コミュニケーションズ株式会社
代表取締役社長　青木元二

振り返れば三十余年前、日本と米国の高校生の交歓を目的の一つとして、日本の女子高校生をアメリカへ派遣するプロジェクトがスタートした。私はこの日米交流プログラムのプランナーとして林ヶ谷教授という逸材と出会い、通算二十三回にわたり多大なる協力をいただくことになった。

本プロジェクトは、渡米する女子高校生（後に男子生徒も参加）を「食」に関する研究レポートを募集・厳正な審査によって選出の後、高等学校長を団長とした派遣団を結成し訪米する、教育の現場と密着した一大プロジェクトであった。誕生の背景には、家庭科を学ぶ教師と生徒の全国組織FHJ（フューチャー・ホームメーカーズ・オブ・ジャパン）が母体であるFHA（フューチャー・ホームメーカーズ・オブ・アメリカ）と交流したいという強い想いがあり、実現を支えたのはスポンサーである食品メーカー、味の素（株）であった。

一方、アメリカ側の責任者となって下さったのがカリフォルニア州教育委員会職業技術・家庭科担当教育部長（当時）、ジャニス・ディベネデッティ女史で、彼女の類稀なるバイタリティと尽力によって、我々は日米交流プログラムを成功裏に終えることができたと言っても過言ではない。そのジャニス先生が引き合わせてくれたのがサクラメント大学の教授であった林ヶ谷教授で、先生には初回から最終回まで大活躍していただいた。

アメリカの高校訪問、生徒のホームステイ、ホストファミリーとの交歓会等、現代であれば自然に受け入れられそうなイベントも、三十年前の日本人には劇的な体験であったことだろう。晴れがましさの半面で緊張を強いられていた彼らの横顔を昨日のように思い出す。外国訪問や外国人との接触が日常的でなかった時代には、生徒のみならず引率の先生方も、言葉にするのは容易だが、“国際交流”には随分苦労していた。そんな中で、林ヶ谷教授の存在自体が派遣団員の救いとなり、安心感を得ることができたと拝察する。また、海外で活躍される日本人の様子を目の当たりにし、誇らしくもあったことだろう。

“若い目でアメリカを”というキャッチフレーズとともに開催された日米高校生の国際交流プログラムは、二〇〇三年をもってその使命を終えたが、先生には終始暖かい眼差しで見つめていただいたことに深謝申し上げたい。

また、身を持って示された国際交流の歴史と永年の学究生活に心から敬意を表し、ますますのご活躍を祈念する。

誇るべき卒業生、林ヶ谷昭太郎君

吉田正喜

このたび林ヶ谷昭太郎君が退官を記念して、在米四十余年に亘る多彩な足跡をご自分でまとめられる由。それに協賛し祝福する一助として拙文を寄せさせて戴くことは洵に有難く光栄に存じます。

渡米後に於けるあなたの殊に前半期は、文字通り辛苦刻励の一語に尽きると思いますが、若狭高等学校当時のあなたも、勉強と運動を両立させながら実に充実した三年間を過しておられます。然もあなたの場合は、単にいい成績をあげるという有りきたりの優等生でなく、常に一歩進んで何事に対しても旺盛なチャレンジ精神が窺われました。英語の発音や会話の面で、また履修課目にないタイプライティングにも、独習でこれに挑むという、いかにも林ヶ谷君らしいファイトと頑張りに眼を見はったものです。

それはスポーツについても云えることで、当時バレー部は県下のトップクラスでしたが、キャプテンとしてのあなたの活躍で全日本高校選手権大会にも出場を果しておりました。

同級生にすぐれた人材が多かったこともあってかなりの人が一流の銀行や商社に就職した中で、当時はどういう訳か母子家庭の子弟について謂われなく排除する傾向があり、有力企業に進路を阻まれましたが、あなたはその不運を逆手にとって発憤興起し、勤めながら努力勉励、やがてロックフェラー財団の奨学資金に合格、今日の地歩を築く第一歩を踏み出されたことでした。

昭和四九（一九七四）年の夏、ディスカバージャパンというサクラメント大学の夏期講座のリーダーとして何年ぶりかで母校を訪ねられました。一別以来一回りも二回りも大きくなれたあなたを眼のあたりにした感慨を今も忘れることはできません。

これを機縁に、若狭高校の「商業科雑誌」に殆ど毎年のように貴重な論考や随想を寄せておられます。テーマは多岐に亘り、アメリカの政情や教育問題、日米間の懸案や交流それにマスコミ批判など、専門に裏付された重厚な諸篇によってあなたの後輩は実に稔り多い糧を享受して参りました。また記念すべき行事の機会には遠路来朝され、講演などを通して母校や地域に尽され、私どもは商業科の卒業生にあなたを持つことに多大の誇りと喜びを感じております。

以上簡単ですが所懐の一端を述べて今後の更なるご活躍を祈りたいと存じます。

林ヶ谷さんのこと

元マッキンゼー東京支社長、一橋大学講師
若松茂美

林ヶ谷さんと私のつき合いは半世紀に及ぶ。始まりは一九六四年春、カリフォルニア大学バークレー・キャンパスでの出会いだった。林ヶ谷さんは政治学、私は経営学と専攻が違ったので教室で一緒になることは無かった。半世紀前のバークレーには日本人留学生は数少なく、直ぐに数人の日本人仲間が出来た。当時の林ヶ谷さんは今の林ヶ谷さんそのまま。大きな声で元気一杯。それに比べてわれわれは心細げな存在でしかなかった。「オトウサン」の愛称で呼ばれるようになったが、当時のわれわれの間での林ヶ谷さんの存在の大きさを如実に物語っていた。

しばらくして、弘子夫人が日本から到着した。赤ちゃんの弘昭君は生まれたばかりだった。林ヶ谷さんの留学生生活は苦労の連続だった。会社派遣、フルブライト留学生など経済的に恵まれた留学生が多い中で林ヶ谷さんは学費、生活費を自分の手で稼ぎ出さねばならなかった。しかも異国の地で、家族をかかえて。その上、林ヶ谷さんには日本に帰るべき大学があるわけでもなかった。まさに退路は断たれていたのである。そんな次第で林ヶ谷さんは何時も何かの仕事を持っていた。T. A. の外に学生寮の管理人であったり、バークレーの大邸宅の住み込み留守番であったりした。林ヶ谷さんはそれでも弱音をはかずに会えば大きな声で元気一杯だった。さぞかし苦労が多く、また心細かったことだったろう。勤務先、学資金など万全の手当てを得て「安全運転」をする私などからすると林ヶ谷さんの生き様は到底真似の出来ることではなかった。端的に言って林ヶ谷さんは私にとって「かなわない」存在だったのである。

私のバークレー生活は型通り二年のMBAプログラムを終了して終わりを告げた。しかし林ヶ谷さんの学業は学費の問題もあったのだろうと想像するが、その後も延々と続いた。林ヶ谷さんが最終的にいつ、何の学位を取得したのか、あらためて尋ねたこともなかった。その後、林ヶ谷さんはサクラメント州立大学（当時のSacramento State College、現在のCalifornia State University）で教職の場を得た。たまたま私の長年の友人が近郊で農場を経営して居り、しばしばサクラメントを訪れることもあって、林ヶ谷さんとのコンタクトが途切れることはなかった。その間、林ヶ谷さんの家族は年々成長し、ご本人の仕事も充実して行くことが伺えた。

林ヶ谷さん夫婦は三人の子供をもうけた。弘昭君を筆頭に州治郎君、英理チャンである。幼少の頃から弘昭君は社交的、州治郎君はもの静かで真面目派、英理チャンはいつも州治郎君にくっついていた。州治郎君はそんな英理チャンの保護者振りを発揮していた。ちょろちょろしていた三人も学校に上がり、中学・高校生になり、やがて三人共に難関を突破してUC Berkeleyの大学生になって卒業した。

弘子夫人は加州住友銀行のサクラメント支店で定職を得て働き始めた。その後、長年にわたって加州住友で勤めたことからも弘子夫人が銀行で活躍し、また大切に遇されたことが伺われた。弘子さんの最大関心事は、いつも三人の子供の養育にあった。

林ヶ谷さんの学問的業績については、専門外のことでもあり、私は多くを知らない。しかし、折に触れて林ヶ谷さんが送って呉れた論文のコピー、新聞の切り抜き、雑誌記事などからして、林ヶ谷さんの活動が大学での教職を超えて行ったことが想像された。

すべてが順調に見えた昨年、林ヶ谷さんは病魔に襲われた。糖尿病が原因で結果として片目を失うことになった。しかし林ヶ谷さんは気丈だった。受け取った書簡からそれが伺えた。弘昭君に電話して様子を聞いたが、「オレはこれきしのことにはへこたれない。直って見せる」と言っているとのことだった。林ヶ谷さんの面目躍如の思いがした。

林ヶ谷さんといえば今や日系米人社会ではその名を知られた名士である。三人の子供は立派に成人した。孫も増えた。これはまさに林ヶ谷さん一家のSagaである。そしてそれは林ヶ谷夫妻の勇気と血の滲むような努力なしには決して実現しなかった物語なのである。半世紀前のバークレーで出会った林ヶ谷青年を知るものとして本当に夢のようだ。

（二〇〇六年七月）

林ヶ谷先生のこと

若狭高校商業科二十三回卒
小浜市議会議員
三木　尚

今回、青年会議所の大先輩である西山澄男さんから「林ヶ谷昭太郎先生が自書を出版される。ついては地元からも原稿を求めておられる。それゆえ、なんか書いてくれないか」と半ば脅迫的に言われ、現代の若狭の偉人であり、郷土の誇りである林ヶ谷先生について書けるほどの知識もお付き合いもない私が何故と思いましたが、若狭高校の商業科の年の離れた後輩から見た林ヶ谷先生観ということでお許しを頂きたいと思います。

林ヶ谷先生は商業科雑誌の巻頭を飾る特別寄稿を長年続けてこられています。五十周年を超える歴史を持つ商業科雑誌はそのレベルの高さで各方面から高い評価を得ていますが、先生がその時々の世界情勢を紙面で発表して下さっていることも大きな要因と思います。

そのおかげで私達も高校時代（1969～'72）林ヶ谷先生の名前は存じ上げていました。どのように知っていたかというと商業科の卒業生でアメリカの大学で助教授として活躍しておられる（当時はカリフォルニア州立大学サクラメント校の助教授であられたと思う）。商業科から進学しそれから大学の先生、しかもアメリカの大学で。今もあまり変わらないと思いますが商業科は大学進学を目指す者にとっては、受験に必要な科目の授業が極端に少なくまた内容的にも大きなハンデがありました。これらをクリアーして関西大学へ進学されそれからアメリカの大学で助教授になられた。「どうしてそうなられたのか、全くわからないけど無茶苦茶すごい人だ」という印象でした。

こういう状態で林ヶ谷先生の存在は大変大きく、また、進学を志すものには特に強い勇気を与えて頂きました。あらためて感謝する次第です。

卒業後は年に一回送られてくる商業科雑誌で先生の論文を拝読させて頂いておりましたが、いつもその時代の主要な国際問題をテーマに取り上げられていました。私には少し難しい論文でしたが、「先生はお元気で活躍されておられるな」と陰ながら喜んでおりました。

それが或る時突然、身近な人になったのです。私の福井銀行時代の先輩であり、中途退職者連盟の会長である桜本良夫さんが林ヶ谷先生と同級で極めて親しいということがわかったのです。会社社長を勇退され故郷の上中町（現若狭町）瓜生にログハウスを建て「だべり小屋」と称し若狭内外の奇人変人を集め、いまや個性的な人間の梁山泊となっていますがここへ林ヶ谷先生が突然登場したのです。スキーや海外旅行で私の師匠である桜本さんと同級生だった。俺お前の関係だということがわかり、それまで雲の上におられた立派な先生がにわかに下界へ降りてこられたのです。

また若狭青年会議所（当時は小浜）の創立メンバーであり大変怖い存在であった西山先輩も同級生であり、食のまちづくりを展開する小浜市の御食の国（みけつのくに）大使の神保一郎先生が林ヶ谷先生の関西大学時代の師匠でありその縁で大使に就任していただいたこと（もちろん林ヶ谷先生も大使ですが）。神保先生は関西大学や豊中市の主婦の方々を紹介していただくなど、大変なお世話をして下さっていますが、林ヶ谷先生との人脈さらには西山先輩をはじめその同級生の皆さんのバックアップで成り立っている、ということが最近になってよくわかった次第です。

先生はアメリカにおられても小浜市は大変なお世話になっているのです。

また、大学教授の目から見て、地元が原子力発電所立地地域であることを考慮されての「日米原子力発電所の現状と将来」（四十五号平成九年）で原子力行政の秘密性や将来の解体まで危惧されている。また地村保志さん（商業科出身）御夫妻帰国の翌年には「北朝鮮と日本人の宿命」（五十一号平成十五年）で健筆を揮っておられる。アメリカにおられてもいつも故郷若狭のことを想っておられ高邁な見識でわれわれを見守っていてくださると思います。

心より感謝申し上げます。

遅ればせながら今までに先生の書かれた特別寄稿をじっくり読み勉強させて頂かねばという気になりました。高校時代私自身の不勉強のためさっぱりわからなかった文章ですが、若き林ヶ谷昭太郎先生のパワーを知りたくなりました。

若狭の生んだ世界的見識であられる林ヶ谷先生にはますますお元気で活躍され、商業科雑誌の特別寄稿も続けて頂きたいと思います。さらには奥様をはじめご家族の皆様のご健勝を心よりお祈り申し上げ感謝と御礼とさせていただきます。

サクラメント訪問の思い出

東洋大学社会学部教授
黒沢　香

二〇〇四年の早春に、久しぶりにサクラメント市を訪問することができました。市内をレンタカーでまわり、こんなにも緑が多い美しい街だったのか、という感想をもちました。二五年以上も前に住んでいたアパートは昔のままでしたが、近くのショッピングセンターは跡形もなく、どこにあったのかさえ、はっきりしません。

州立大学サクラメント校にも、以前と少しも変わっていないところと大きく変わったところがありました。心理学科がある、昔のままの建物の玄関で、林ヶ谷先生とばったりお会いしました。満面の笑みに、笑い声を交えた話し方は、はじめてお会いしたときから少しも変わっていません。名誉教授になられても、子どもたち相手の日本語教育に熱心に取り組んでいらっしゃいました。

建国二百周年にわく合衆国に渡った私は、最初の一年をプラサビル市の公立短大アメリカン・リバー・カレッジ分校で学び、州立大学への転校を考えて、一年後の一九七七年初夏に林ヶ谷先生の研究室を訪れました。突然の訪問でしたが、州立大学への転入や留学全般について適切なアドバイスをいただき、そのときから二年間、アドバイザーとして、ご指導をいただくことになったのです。

とくにアルバイト先の紹介と、さくら学園の日本語教師への推薦のおかげで、順調に留学生活をおくることが可能になりました。転入から二年後の一九七九年六月、無事に大学を卒業し、秋には大学院に進学して、サクラメントを離れることになりました。結局、留学は九年半におよびましたが、コロンビア大学の社会心理学で博士号を取得し、一九八六年初めに帰国できました。先生のアドバイスと励まし、生活面でのご支援がなければ、とても実現できませんでした。

大学でお会いする予定はなかったのですが、その晩は先生のお宅にお邪魔することが決まっていました。サクラメント市に行く予定がありますと連絡しましたら、ホテルでなく、お宅に泊まったらとおっしゃられたのです。お言葉にあまえ、一晩お世話になりました。留学生時代は、先生の奥さまにも親しくしていただきました。三人のお子さんたちもさくら学園などでいっしょでしたが、現在はもう、ご両親と離れてお住まいでした。お孫さんの世話のため、よくお子さんの家を訪問するというお話を奥さまからうかがいました。

夕食は、メキシコ料理が好きと私が言ったせいで、奥さまは遠慮され、先生と二人で大学近くのレストランでごちそうになりました。レストランでも、お宅に帰ってからも、大学のこと、ご研究のこと、ご家族のこと、日系人社会のことなど、夜おそくまで話はつきませんでした。翌朝は、州立大学のキャンパスに住むニワトリの世話をするとおっしゃり、お宅から大学までいっしょに向かいました。そこで、世話をすることになった経緯をうかがい、いかにも先生らしいお話だと思いました。そして、そこでお分かれしました。

林ヶ谷先生にはたくさんのことを教えていただきました。その中でもいま一番役に立っているのは、大学の教員として、学生とどのように接するかです。教えていただいたと言っても、直接にご指導を受けたわけではなく、いつも自然体の先生を理想に、お手本にしようと心がけてきました。最初にお会いしたころの先生の年齢を超えてしまったはずですが、いまだに先生のようになれません。

大学教員の仕事は、教育・研究・学内行政・地域貢献の四つであることも教わりました。先生は、いずれの面でもすぐれた業績をあげられ、テニュアに国籍が問題になったこともあったそうですが、お人柄もあいまって、州立大学サクラメント校を代表する存在になられたのです。個人的にも、教えていただきたいことがまだまだたくさんあります。お世話になるばかりで恐縮ですが、これからもお元気でご指導くださるよう、お願いしたいと思っています。

林ヶ谷昭太郎君との再会と思い出

商業科第四回卒
濱岸俊次

一九五三年に若高を卒業してから半世紀。学校、社会で多くの貴重な出会いがあったが、今回高校時代、席を共にし、カリフォルニア州立大学の教授として活躍し、また本誌に毎年優れた論説を寄せている林ヶ谷昭太郎君の若き日の一端を皆さんに紹介出来る事を嬉しく思います。

4年振りの再会

“オイ濱岸君”

風薫る5月のある晴れた日の朝8時半、阪急豊中駅のプラットホームで電車を待っていた私の肩を“ポン”と叩いて声をかけてくれた人が居た。それは、我等が“昭たん”こと林ヶ谷昭太郎君との4年振りの再会だった。

今から45年前、昭和32（一九五七）年、私が大学を卒業、岩井産業・大阪本社（日商岩井）に勤務してから1ヶ月余り経った時の事である。

彼は、若高卒業後、東亜興信所（大阪）に就職したが、会社が倒産した為に、昼は大井法律事務所（北区、天満橋）で働きながら、夜は関西大学の夜間部に通っていた。宿舎は、大井弁護士が経営していた豊中駅裏の古い木造アパートの4畳半。アパートの管理人も兼ねていた。私が知る限り、彼がアパートに帰るのは、大体夜11時頃、それから夜中2時頃まで勉強して就床。朝8時に起床し、豊中駅8時32分発の梅田行準急に乗ると言うのが1日のパターンであった。

英語聖書クラス

再開した電車の中で、“昭たん”から、自分はクリスチャンで、毎週日曜日に守口の教会に行くが、YMCAで毎週1回“英語聖書クラス”があり、聖書の勉強もしている。若し良かったら一度一緒に行かないかとの誘いを受けた。

聖書が英語版であることは理解していたが、参加して見るとそのクラスでは日本語が厳禁、質疑応答はすべて英語であった。私はクリスチャンではなく又聖書に対する知識も皆無であったが、この時、自分の英会話力がまだまだ未熟で実用的でないことを痛感、自分も彼に負けないようもっと勉強せねばならないと反省させられた。それにしても、彼が若高卒業後4年間にあんなに素晴らしい英会話力を習得している事に正直に言って驚かされた。

英語聖書クラスのメンバーは、クラーク先生を中心に、ポーリンとキャサリンの二人の娘さん、“昭たん”そしてアメリカ銀行や江商（兼松江商）など、英語を必要とする会社や役所に勤務している人達であった。この英語聖書クラスで受けた刺激は、その後の私の人生の糧にもなった。“昭たん”に改めて感謝したい。

英語弁論大会

再会してから２ヶ月位経った頃、“昭たん”から、関西大学で英語弁論大会があるので一緒に行かないかと誘いを受けた。その頃、夜アパートを訪れると彼はよくテープレコーダーで録音した自分のテープに耳を傾けチェックをしていたので、私は、当然彼も弁論大会に参加するものと思い出番を待っていたが、一向にその気配もなく大会は終ってしまった。ところが、それからが彼の出番であった。即ち“昭たん”は、モデルスピーカーで番外での出場だという。聞けば、彼は前半の“英文毎日”主催の関西地区大会で優勝しており、又関西大学の大会でも２連覇していたと言う。だから、彼が番外出であったのは当然であったろう。彼が、若高卒業後、いかに真剣に英語に取り組んでいたかをこの時知った。

家庭教師

“昭たん”は勤務と勉学に勤しむ傍ら、家庭教師もしていた。中学生に数学と英語を教えていたのだが、その家は教会と同じ守口市にあり、豊中のアパートに帰るには１時間以上もかかる場所である。“昭たん”が大学の試験勉強などで行けない時には、私も何回かピンチヒッターで行った事がある。その家は三洋電機の井植さん（社長）と親戚関係にある塩崎さんとの事だった。

後　書　き

“昭たん”とは、昭和25（一九五〇）年４月若高商業科に入学してから知り合ったのであるが、バレーボールのキャプテンとして活躍しながら、何時も明るく一生懸命に授業を受けていた姿が今も目に焼き付いている。私は上中町出身で三宅（上中）駅から所謂“汽車通学”を楽しんで居たが、その時は彼はバスにも乗らず窪谷（口名田）の自宅から高校まで、片道十五キロ、毎日往復３時間の“自転車通学”をしていたと言う事は、私もつい最近まで知らなかった。

雨の日も風の日も、朝６時に起きて登校し、授業、バレーボールの練習後自宅に帰るのは夜８時か９時、クタクタになっての帰宅であっただろう。それでも学校では何時も明るく、疲れた顔は一度も見せなかった。守口（大阪）で一度テニスをした事がある。仕事と勉強で眠る時間もない彼に、負けるとは思ってもいなかったのに、見事にやられてしまった。彼のこのタフさは高校時代に培われたに違いない。

彼はアメリカの大学教授と言う名誉ある地位まで到達した訳だが、そこまでの道程は苦労に次ぐ苦労であった。だが、彼の偉い所は苦労を苦労と思わず、むしろ苦労をエネルギーとして、大きな“夢”に向って努力した事である。

“夢”を持ち、努力する重要さを我々に教えてくれた“昭たん”に感謝したい。

日本人学校で共に働いた林ヶ谷校長先生

榊原　啓

私はこちらに来る前は株式会社アシックスの人材開発センターで社員全員のモチベーションを高める教育の仕事に携わっていた。仕事柄、研修会のパネラーや日本で一流の有職者と言われる方々に幸いにも出会うチャンスが多かったが、あの時に林ヶ谷校長先生にパネラーとして出会えなかったのが残念でならない。何故なら先生こそが一流の有識者であられたからだ。

林ヶ谷先生とは、ポート・オブ・サクラメント補習授業校で教員として、また最後の一年余りは校長代理（副校長）として５年半の御付き合いをさせて頂いた。その間、共に仕事を共有し学ばせていただいた事がどれほど多く、また私の今後の教育者としての糧になったか考えると感謝の念を深く抱かずにはいられない。それは、時には優しく諭すように、また、ある時は厳父の如き厳しい慈愛に満ちた薫陶であり先生が何故、大学内でもジェニターから学長まで信望が厚いのか理解するのは難しい事では無かった。

具体例を挙げていけば、まず、学校の清掃の件である。こちらの大学の週末の散らかりよう汚れようといったら、ある日本人の先生が「お掃除を授業前にやっていただかないと授業が出来ない」とおっしゃるほどである。先生とは共に清掃を朝の５時半から始めて朝礼が始まる８時15分までには使用する全教室と外とを全て‘掃き清め’ていた。先生がお掃除を天候、気温に関係なく汗みどろになってやられるお姿を拝し、一般の人には‘掃除夫’だけにしか見えないだろうが共に作業をしているうちに‘聖職の場を心で磨く’大切な教育者としての心構えをお教えしていただいた。責任者自らが率先垂範して他人がやらない事なら尚の事、行動で示す事であると。

先程の清掃後の朝礼に付随するが、朝のラジオ体操から始まり、生徒、教職員各一名のスピィーチがあり、内容も日米の文化の違いや年間行事に重点を置き大変充実したものとなっている。最後は林ヶ谷校長先生の総括で終るのだが、正確な知識と文化理解に基づいたお話であり、朝礼参加者皆の一歩深いところでの日米の文化の違い、年中行事等々、正しく理解でき大変為になっている。常日頃のたとえどんな小さな機会でも‘生徒を真の国際人’に育てようとするその姿勢には、いつも感心と尊敬の念を禁じえない。

また、学校の卒業式や入学式には州立大学の副学長、部長、またサンフランシスコ総領事館内領事の方々にお越しいただき、貴重なスピィーチを賜っているが、これは本校だけの特別なものであり生徒は本当に幸せだと心から感じる。これも、州立大学を始め先生の一方ならぬ実績の賜物に裏付けされた人間関係と信用に他ならないと言えよう。例えば、諸行事等で大学にスピィーカー等の機材を借りに行く時、オフィスのスタッフから同僚であられる方々から皆、先生に笑顔でお声掛けされ、先生の大学に対する貢献度と信用を心から改めて驚きと共に感じ入ったほどである。この大学でポート・オブ・サクラメント補習授業校が成り立っていくのは林ヶ谷校長先生を抜きにしては全く考えられない。

先生は、昨年夏に左眼摘出という大病をされた。その大病中も２週間後に海外子女教育振興会（本年２月号）の機関誌に寄稿文を書かれ、私自身、点滴をしながら片目で執筆される先生に病室で３回お会いしご指示を仰いだ。先生の心血を注いだ寄稿文は表紙を飾った秋祭りの写真と共に締め切りの11月10日に間に合った。病魔ですら先生の使命を邪魔する事は出来なかったのである。

最後に、真の国際人の育成を目指される先生は単に勉強だけでなく文化交流に目覚しい実績のある生徒を個人の資金で‘一人一芸賞’を設け賞賛されている。個人の資金としては＄3000だされ、毎年＄300と言う当に身を削っての事である。その成果として、オリンピック代表候補の選手やピアノコンクールで州２位等々と言った生徒が育ち学業以外のタレントを陸続と育てている。

私が、林ヶ谷校長先生と共に働き、学ばせていただいた点は多岐に亘り枚挙に暇が無い。私が最後に願う事は、先生のご健勝であり、それが即、生徒とポート・オブ・サクラメント補習校の成長と発展に結び付く事を私は確信している。今後益々の発展を心から願うものである。

第3章 林ヶ谷昭太郎教授の業績の軌跡

東海大学文学部
心理・社会学科
教授　小川浩一

林ヶ谷昭太郎先生は昭和９年５月５日福井県小浜市に生まれ、福井県立若狭高等学校商業科を昭和 28 年３月に卒業した。その後関西大学法学部二部に進学したが卒業後ロックフェラー財団奨学金を得てアメリカに留学した。現在ではもはや死語となっている「苦学力行」「刻苦勉励」を身を以って示した人である。その間の努力については別章において明らかにされているのでここでは触れないが、その体験が先生の記された数多くの論述中に色濃く反映されている。本章では、多くの論述の中から先生が若狭高校の雑誌である「商業科雑誌」に寄稿されたものや講演を基に論述されたものを中心にして示された業績の意義を考えてみたい。

上述した先生の業績の軌跡を辿ると大別して６つに分かれる。それらは以下のようになろう。

(1) アメリカ社会について論じたもの。

(2) 異文化交流について論じたもの。

(3) アメリカから見た日本について論じたもの。

(4) 日米比較について論じたもの。

(5) 政治情勢について論じたもの。

(6) 様々な外国旅行での感想を論じたもの。

このように分類し、その中身を検討すると、(6) を別とすれば、常に①「日本人であること」、②「アメリカ社会の一員であること」、③「日米の友好に腐心していること」、④「少数民族の地位、権利の向上に尽力したこと」の4点が先生の関心の焦点であることが容易に読み取れる。この関心の在り様は、前述した先生の個人史を省みれば当然とも言える。すなわち、日本人としての自画像（identity）を形成した青年期までの日本での教育と、その後の生き方を決めたアメリカでの高等教育とアメリカでの大学教員としての生活、アメリカに暮らしていながらも、様々な側面で日本とのかかわりの深い日常生活、アメリカで生きているにもかかわらず、社会的地位、権利において差別的状況にある日系人およびネイティブ・アメリカン、その他の合法、非合法移民の状況、の4点が常に先生の意識の中に存在している。もちろん上記の論述の中で述べられていることの総てが学問的に検証されているものではないし、いくつかは明らかに特定の出来事に対する先生の感想、主張を展開しているものもある。

とはいえ、いずれの論述においても根底には、民主主義国家アメリカの理念（自由、平等、人権）を信じているアメリカ人としての自己と他者との連帯と協調（和の精神）が継承されている日本の伝統を身につけてきた自己の両面の何れをも是とし、それが日米何れの社会および国家のレベルにおいても実体化されることを願う強い姿勢が存在しているように見える。だからこそ、アメリカの対日政策に見られる不条理さについてアメリカ人の視点からも批判の矢を射ているのである。

以下では上記の（1）から（5）について代表的論文を利用して各カテゴリーでの主張を紹介しよう。但し、（3）に関しては論述内容が時事的なものを中心としているので、本章が目的としている先生の論文業績の検討、紹介の趣旨とは多少異なるので触れないこととする。

（1）の「アメリカ社会について」で興味深いのは「クリントン政権の泣きどころ」（商業科雑誌第42号、平成6年3月）である。これは1993年6月に「全国日本学士会勲章」受賞時のスピーチをもとに執筆されたものである。この中で先生はクリントン政権の由来と特徴を述べた後でその対日政策の泣き所を指摘した。即ち「クリントン政権の弱い所は、対日専門家がいないこと。……対決姿勢を基本政策とし、管理貿易、結果重視主義でやる。……現アメリカ政府の中枢にいる者で親日派はいない。クリントン大統領は……日本のことは無知に等しい。」と指摘している。さらに、彼を取り巻く要人たちも基本的に対日強硬派が主軸であることを指摘している。こうした中で「日本のとるべき道」を検討している。「仮想敵国が存在しないとスケープゴートが必要な国民性で、悪玉をいつも探しているアメリカ」は「内圧で動く」国であり「外圧に反発し、内圧を醸し出す」国なのである。日米関係を政治、軍事、経済、貿易関係を要因にして論じていると「日・米関係はいつも損・得の利害関係になって、ギクシャクする」。これまで「アメリカは経済、貿易面では受身であったがクリントン政権はこれを攻撃的に切り替え……対日強硬方針を採り……アメリカの保護主義政策の裏返しなのである。公平、信頼、協力の精神が薄れている証拠でもある。この主な原因を日本が作ったし、その主要原因－お互いの不信を早く取り除かねばならない」。そのためには日本人の思考方法の転換が必要であることを指摘している。即ち、「言わなくても分かってくれる」「談合」「腹芸」「以心伝心」はアメリカには通じないばかりか「時間稼ぎの手段」として疑われてしまうことを知るべきであると述べている。とりわけ、現状でも変わらない重要な指摘は、同じ言葉を使いながら日米間でその力点が大きく異なっていることの指摘である。つまり、日米関係において、イコール・パートナーと言う際に「日本人が、イコールを強調し、アメリカ人はパートナーに力を入れ過ぎている」という点である。ここには、先生が（当時の）大統領政権の特徴を検討しつつ、その中で国際関係における相手国の一つであるアメリカと上手に付き合っていくために、日本の政策担当者や知識人、マス・メディアに視点と思考方法の変更が必要なことを強く訴えている。

(2) の異文化交流に関しては、まさに自らの「コミュニケーション教育」に携わった40年の経験をもとに多くの論述を行っている。その中でも「異文化間のコミュニケーション四十年」（「異文化間のコミュニケーション四十年」は雑誌に発表しておらず、2003年5月7日南山大学英文研究科〔大学生及び大学院生〕を対象に講演したもの）は集大成といってもよい主張である。ここでは日米間のコミュニケーションを具体例に「異文化間コミュニケーションの問題点」が簡潔に集約されている。

まず、日本の歴史の中で、戦前までは多くの日本人が外国との接触の必要の無い世界で暮らしていたという歴史的経緯があり、それが戦後の世界状勢の変化の中でも相変わらず日本人の外国語修得上の不具合に反映しているという点と「それは、アメリカ人にも言えることであり、アメリカ人は大陸にいて、『井の中の蛙』 で大海を知らず、傍若無人か自己中心的である」ことが指摘されている。(P 2) ついで、「上級のコミュニケーション」即ち、政治、学問といった世界でも交渉や発表、討論におけるコミュニケーションが論じられている。こうした場合のコミュニケーションレベルは、当該コミュニケーション場面での相手を「よく理解する」(P 2) か否かによって左右される。つまり「相手を理解するには、グローバル社会において、民族、心情、主義、年齢、性別、国籍を踏まえて、相手の文化や習慣、更に宗教や政治機構をもかなり研究」しておく必要があることが指摘されている。(P 2) その上で、「良きコミュニケーターとしての素質」が論じられている。先生が良きコミュニケーターの素質として挙げているのは「高い語学力を備えた教養ある文化人」(P 3) である。現状においては異文化が完全に理解することが不可能であることを、我妻洋を引用して、基本的なところでの文化的規範や価値の相違、即ち社会学でいうところの「社会化」と「その内容」の相違がある以上完全なる理解は不可能であると論じている。それを前提として、それでも国際間、異文化間でコミュニケーションを行う必要がある以上、とりわけ上級のコミュニケーションを行う以上そうした人々に求められるのは、文化の相違に対する理解と寛容さ、相手の文化に対する広範な知識と深い洞察、尊敬なのである。(P 4)

更に加えて、一層大事なこととして、日本の有名人の英語を例に引いて「低級な、ゴロツキ」の英語では、上記のような異文化での交渉ごとや議論を行う文化人としてコミュニケーションを上手に行うことはできない。なぜかというと「コミュニケーションにおいてより一層大切なのは、言葉や表現がその人柄を現すことを自覚すべきである」(P 4) からである。この主張は、実はコミュニケーション論においては自明の前提なのであるが、多くの場合に、伝達内容の単なる正確さや表面上の流暢さのみが重要視される結果、等閑視されがちな要因である。昔から日本では「文は人なり」といってこの点の重要性を指摘してきた。この場合には「文」は「表現されたもの」であるからコミュニケーション全般での表現結果に顕現される人格をさしていると言ってよい。

この他にも日米を例に引いて異文化間コミュニケーションを困難にしている

要因の分析を行っているが、コミュニケーションにおいては、基本のところでは、人格の高潔さ、真摯さ、相手に対する寛容さ等々の主として人格の要因が基盤にあることを強調しており、その上での教養であることが繰り返し指摘されている。

(4) の「日米比較」は思考方法、その結果としての行政のあり方、教育のあり方等の日米の違いを比較したものであり実に興味深い内容を含んだものである。発足したばかりの安倍内閣は主要政策目標の一つとして「教育改革」を挙げ、「教育基本法」の改正を目指すと同時に、現行教育制度を検討する「教育再生会議」も構築されたが、この点に関しても、先生は既に1985年にアメリカ、特にカリフォルニア州の教育制度とその実態的運用を日本のそれと比較することを通じて、日米における教育についての理念と具体的運用にあたっての問題点を指摘している。20年以上も前の日本の教育への問題点指摘であるが、今日においてもその内容は新鮮さを失っていない。ということは、一方では先生に先見の明があることが明らかでもあるが、他方では日本の教育問題が４半世紀近く何も解決されていないことにもなる。今回の内閣において任命された委員の中でも企業人の発想はあいも変わらず「優秀な企業戦士の育成」に焦点をおいた発想をしていることが彼の発言の中で見られた。先生の、「「制度改革」よりも前に「もっと根源的な『教育に対する考え』の改革」でなければならない。それには、教育の庶民性、普遍性、継続性、多様性、公開性、公共性、自由性、機会均等性などを考慮することだ。その中でこそ、個人の能力、技術、知識、意欲等を発揮できる「場」が自ずから造られていくであろう。」（商業科雑誌、第33号、昭和60年３月、111頁）という発言は上記の企業人のそれとの対比で今日的意義を再確認されなければならないであろう。

また、1970年に「Two Antagonistic Ways of Thinking between American and Japanese」においても、様々な事例や言説の紹介を通じて、まさに日米間の相反する思考方法の歴史的、原理的経緯とその後の展開の微妙な、或は大きな差異が日米間に存在していることを明確に理解する必要性と、それゆえにこそ相互の相違の相互理解が必要であることを指摘している。この指摘は先生がアメリカ生活の中で培ったアメリカ社会での相互理解の可能性に関する認識によって裏打ちされていると言える。この認識は「送り手と受け手がコミュニケーションを送受しあうことで共有世界が拡大する」というある意味でプリミティブなコミュニケーションの可能性に関してのアメリカ的理解、認識である。現実には、話し合うことが却って相互敵意の拡大を招く場合もある。にもかかわらず先生の相互理解への認識と期待はその後も揺るがないようである。それゆえ本論文での結論も将来的には相互理解を通じて日米の思考法が「調和的」に重なることを信じているのである。

(5) においても、戦後における日米関係の矛盾が顕現されている沖縄問題、特に安保条約下の米軍駐留が持つ問題点について、自らの沖縄見聞と修士論文を基にして忌憚ない主張を展開している。すなわち「日米安保条約と沖縄県民の怒り」(商業科雑誌第44号、平成8年3月) の中で、先生は日米安保条約と沖縄基地について以下のように痛烈な批判を述べている。すなわち「日米安保条約の廃棄かその条約の大改定で基地整理・縮小をやらない限り、(小学校女子生徒暴行事件のような――筆者) 暴行事件はいつか起こり得る要因を持っている。」(6頁) のであり、それは安保条約そのものが持ってきた片務的関係、日本の対米隷属的内容に起因していることを指摘している。そして、結論として「現在の安保条約を廃止、整理・縮小は歴史的推移」(9頁) であり、「日米友好条約に変えるべきである」(9頁) と結論づけている。ここで述べられていることは、グローバル化する世界情勢の中で日米が対等なパートナーシップを基盤とする国家関係を築き、それに基づいた双務的な友好条約が締結され実効性を持って履行されていない限り、真の日米相互の友好的関係はあり得ないということである。すなわち現状のような基地問題を内包する日米安保体制および地位協定の下では却って日米の友好が損なわれるという認識である。

この主張は日本人に対する警鐘であるのみならず、独善的アジア認識に基づく日本支配を強制しているアメリカ国家指導者への警鐘でもある。同様の日米両国政策担当者と国民に対する警鐘は多くの論述においても展開されている。こうした主張は、先生がカリフォルニア州立大学での大学教育のみならず地域の日本語補習校での教育の実践と、日本文化の理解促進の実践活動を通じて痛感された異文化理解の重要性、とりわけ日米が相互理解に基づいた対等の協力関係を構築しなければならないという信念に依拠しているものであろう。

これまでの先生の業績を考えると、全体としては、日本がアジアの孤児となって先の大戦に足を踏み入れていった歴史の反省を踏まえて、今後の日本社会は、一方ではアメリカとの関係に軸足を置いたとしても、他方では積極的にアジア諸国との善隣友好関係を構築しなければ日本の生きる道は無い、換言すれば、アジアにおいてアメリカを含めた安定的多極的関係の構築に日本が中心的役割を果たすことを希求されている。そのためにも、日本は対米隷属を止めるべきだし、傲慢なアメリカ人ばかりではないというアメリカ社会の多面性を日本人は理解する必要があること、そのためには草の根交流が有効であることが繰り返し主張されている。先生のこうした努力は高く評価されなければならない。同時に今後の後継活動を如何に拡大、充実させるかが今後の課題である。

紙幅の都合上これ以上の例は述べないが、一方で、アメリカの政策に対する苦言のみならず他方では、日本人、日本社会の国際的視野の狭小さへの苦言と、アメリカと協調しなければ日本という国家、社会の存続が不安定になる現実を直視し、であればこそ対等なパートナーとして必要なことはアメリカに直言していく姿勢が絶対に必要なことを繰り返し述べている。このように、先生のこれまでの論述の基本的立脚点は、ペリー来航以来の歴史的経緯とその間に起きた不幸な諸結果があったとはいえ、移民として古い歴史を持ち多くの日系人がアメリカ人として立派に生きている現実に立脚した優れた発言を再度検討する必要を私たちに示してきたのである。

第4章 論文

特別寄稿　クリントン政権の泣きどころ

米国サクラメント大学教授
林ヶ谷　昭太郎

問題点

（一）政権誕生事情、（二）クリントン政権の特色、（三）クリントン政権の人事、（四）対日政策、（五）日本の取るべき道、の順序に述べ、皆様と一緒に考えてみよう。

一　政権誕生事情

（ア）クリントン氏の生い立ち

第四二代アメリカ大統領は、米国民の選挙によって選ばれたというより、マス・メディアによって造られた。それは、「チェンジ」というスローガンに魅了されたからだ。

ウィリアム・ジェファーソン・クリントン（四七才）は、ディープ・サウスのアーカサンサス州ポープ市で生まれた（一九四六年八月十九日）。州自体も貧しい農業州で、養鶏が主産業、鶏の数は、全州人口、三百三十九万を越え、教育水準は全米で最下位に近い。社会、医療施設、平均賃金等四十六番目に低い。そして、ビル・クリントンは、家庭的に大変貧しかった。母、バージニア・キャシディは身ごもって三か月目に夫を交通事故で亡くした。母の再婚でロージャー・クリントン（古自動車ディラーでアル中）とは、彼の死亡の二年前まで仲が悪く、ビル・クリントンは養父として認めなかった。養父と母の家庭不和や、喧嘩が絶えず、母はビルの十才から十四才の間、夫と別居、離婚、又再婚を再度繰り返した。ビル・クリントンは、淋しさをまぎらわすためにサクソンを猛練習。それが高校で彼の人気と頭角を表す要因の一つになった。

幼年の頃は、祖父母に育てられ、最初の教育は、祖父から受けた。母子家庭に育ち、社会保障、奨学金制度で、大学はジョージタウン大（国際関係論）。法律学校をイェール大。更にローズ・ニコラーに選ばれ、オックスフォード大学の大学院に一年間留学した。教育改革に熱心なのは、その恩返し。若者の教育向上、先生の良い教育環境と保障を訴え、全米教育者労働組合の支持を予備選挙前に確保した。

然し、英国に留学中、ベトナム戦争が激化。兵役義務を免れる政治的工作を二度もやり、軍人や在郷軍人団体、共和党支持者から大きな非難を受け、ベトナム記念塔で謝罪。貧乏学生にもかかわらず、優秀であったので、二十六才の時、ケネディー大統領に会い、アーカンサス州出身のフルブライト上院議員と食事をホワイト・ハウスでした瞬間から、サクソン・プレヤーから政治家を志し、一貫して政治家の道を歩んだ。それは母、（五回も結婚し、七十才で一月五日に死亡）の影響より、ウィリアム・フルブライト上院議員（フルブライト奨学金創設者で上院外交委員長）の援助のお陰である。同州の大先輩のワシントン事務所で、在学中、アルバイトをさせてもらい、ワシントン政界に少しずつ入って行った。

ジョン・F・ケネディー大統領とは、各州から選抜された最優秀生五十数人と会って握手をしているが、マス・メディアが言うほどケネディー大統領の「申し子」ではない。インスピレーションは特に受けただろうが、その当時の若者の多くはジョン・F・ケネディーをアメリカの救世主とあがめていたものである。ビル・クリントンは、ジョン・F・ケネディー大統領と第三代大統領トーマス・ジェファーソンを引き合いに出し、又両大統領のした事をまねたりする。これもマス・メディア受けを良くするためのショウーである。ミドルネームがジェファーソン大統領と同じであるが、母が意識して付けたのではない。

ウィリアム・ジェファーソン・クリントン大統領は、若く、頭脳明晰、優秀な演説家で、ハンサムである。女性受けのする八方美人で、三つの顔を持っている。神経が細かく理解ある人、南部州に育った日和見主義の模範青年と戦後生まれの成功意識者のイメージ。

彼に、自分のことをThe Best, the Brightest, the Baby Boomerと言わせる資質がある。然し、ブレーブ（勇気）とモラリティー（道徳心）に欠ける泣きどころが弱点。ベービー・ブーマーの行動の特徴に、パーティ好きの夜行型。大統領就任式後、五日間も就任式祝賀パーティをやり、（一人二千ドルの券五万枚が不足した位）国民の支持者も早くから不信を抱き始めた。

（イ）選挙の動向

クリントン大統領が生まれたのは、異例である。メディア受けが良く全国民の四三％の支持で大統領に当選したことが異例であるばかりでなく、テキサス州の大企業家ロス・ペローが再度、大統領選に入ってきたのも異例である。もし、ジョージ・ブッシュー元大統領と一騎打ちであったら、クリントン大統領は生まれなかった。民主党を叩く筈のペロー氏は予想に反し、ブッシュー氏の票つぶしをやり、再出馬した九月には、反ブッシュー姿勢をむき出しにした。個人攻撃はおろか、「外交問題にばかり力を入れ、国内問題をおろそかにし、経済危機を招いた」と。

一九九一年は、アメリカが経済不況で、景気が最低の時期であった。全米の失業率七・八％、カリフォルニア州十・一％（その中、ロス・アンゼルス十四％、サクラメント十一・八％）と高く、軍事基地閉鎖や中小企業のハイテック産業、百貨店、小売店の破産の急増、消費者購買力の低下等々。生産企業は百年に亘る軍事産業機構の改革にはついて行けず、企業改革に失敗し、企業合併で労働者首切りを断行。ホワイト・カラーや中賢管理者の失業率急増。自動車や関連企業は日本車に押され企業縮小か生産カット。コンピュータ産業も半減。金融業界の不正、横領、詐欺による倒産。不動産業の不振、株式や証券取引詐欺と暴落。日本もこの年にはバブル破裂の前兆だった。

国内事情では予測以上に治す効薬のない重犯罪、ガン、ドラッグ、ホーム・レス、エイズの問題。その問題を更に悪化させる家庭、教育、社会問題の深刻化。ロス・アンゼルスでキング事件の引き金となった警察の権力横暴。ハリーケーン（台風）、火事、地震、水害等自然災害の続発。これら人的、自然的被害の救済で政治不信をつのるばかり。問題の原因を国家政策に結びつけ、レーガノミックスのツケ（レーガン大統領の経済政策失敗）と弾劾し、それを踏襲したブッシュー大統領はだめだ、と。クリントン陣営は援軍の彼を応援し、微笑していた。

これらの悪い数字や統計を富豪家ロス・ペローは私財を投じ、テレビ放映を行い、一か月の中に「The United, We Stand」の選挙母体を再建し、十六％の支持を得て、ブッシュー政権を落した。

外交事情では、湾岸戦争で大勝利を納め、国民支持率八九％にまで上がった大統領は、自分の人気を過信していた。一九八九年のベルリン・ウォールの崩壊で、東・西ドイツが統合され、東ヨーロッパ諸国の共産主義国家が崩れ、ソ連の解体で、世界平和の動きに乗り遅れたアメリカは、平和時代になすべき平和経済産業機構を唱えていなかった。アメリカ政府は日本に対してＳ・Ｉ・Ｉ（Structural Impediment Initiative＝経済機構欠陥改革）を押し付けるが、自国の経済機構改革には目をつむっていた。いわゆるピース・デビデン（平和時代の余得）、が早く叫ばれ過ぎ、軍事既成体制であった諸分野に於て、平和破産が早く来た。仮想敵国がなくなると外交方針が一本化せず、ヨーロッパに対する外交やアジア外交等と多極化する。外交上手なブッシュー大統領も一九九一年一月の東京頂上会談で大失態をやり、「カーボーイ外交」とあなどられ、政治生命は終り始めた。

（ウ）共和党の内部分裂

共和党内の保守右翼で、宗教団体と共同歩調をとるロバーツ氏（七百クラブと呼ばれる団体の牧師）が率いる七百の諸団体が、避妊絶対反対をスローガンに女性保守の半分以上の票を共和党に入れていたが、一九九三年度の大統領選挙では、自由意志の投票。共和党保守派が強くなると、ゲイ、ホモ、レズビアンが団結してクリントン支持に回わり、女性の人権運動と合わせ、現政権の四大柱になった。例えば、元サンフランシスコ市会議員でレズビアンのロバータ・アグアンパーク女史は法学部講師。ゲイ、ホモ、レズビアンの団体の顧問となり、全米の同性愛諸団体を統合し、クリントンを支持して建設次官にまで、のし上がった。この女史の議会承認は、三か月もかかりサンフランシスコ出身、女性上院議員、ダイアン・ファインスタインとバーバラ・ボクサー女史の強力な支持がなかったら議会承認はあり得なかった。クリントン政権は軍隊でもホモ・ゲイ・レズビアンを条件付き（公共で、しない、話さない、聞かない）で認めたが、十万人以上もいると言われるこの団体支持者と本来の女性人権平等の確保がむずかしく、高級官僚登用ですりかえているが、N・O・W（The National Organization of womenの女性民権運動協会員、百六十万の会員）とのバランスのむずかしさが泣きどころ。

共和党内部の大きな分裂で、女性支持層の党離れより大きな問題は、レーガン・デモクラットと言われる中産階級、自営業者、ブルー・カラー、ハイテックの大企業労働組合、地方教員組合等が、十二年も続いた保守政権の経済政策にいや気がさし、民主党の本流に帰って行ったこと、この多くはイタリア系民主党員が指導者で、時代の流れに機微な選挙軍団の一つであった。

（エ）ベービー・ブーマー

更に大切な選挙民はホワイト・カラーでベービー・ブーマーの成功者。彼等は、物質主義に飽き、大衆社会や国家に奉仕し、国家の名誉回復と世界の指導的地位の確保のため、何かをやりたいと願っていた。一九六〇年代後半のアンタイエスタブリッシュメント（反既成主義体制）を捨て、政治参加に廻り、破壊活動から建設的活動に参画し、政府を自分の手中にへと動いた。或る評論家は、この選挙人を総称して、「ウォール・ストリートからメイン・ストリート（ウォール街の株式市場から正道派に帰ること）と呼び、株価変動に左右されるグループだ」と。この選挙軍団はクリントン氏が出馬運動を始めた時から選挙運動に参加している者が多い。人種的にはホワイトの上流社会人とユダヤ系。マイノリティーはクリントン氏の大統領指名がほぼ確実となったカリフォルニア州民主党大会（六月）後から選挙運動に参加し、黒人指導者、ジェッシー・ジャクソン牧師の動きが、民主党一本化の鍵を握っていた。

二　クリントン政権の特質

（ア）失敗を繰り返すな

政府目標の根底にあるのは、ブッシュー政権とカーター政権の失敗を繰り返すなである。ベービー・ブーマーの未経験や能力不足を補うために既成型人材を上手に使う筈であった。が、機構改革や人材の民族比例登用制採用のため、ワシントンのエスタブリシュメントを敵に回し始めた。古狸の大ボス、金丸信のような人には迎合しなくとも、実力と金力のある者は、共和党員でも採用しなければならないのがクリントンの弱点。

かつて、カーター大統領が閣僚級の多くをワシングトン・インサイダー（ホワイト・ハウスがあるワシントンの政治家）を登用せず、ジョジアー州の知事時代のグループを連れてきて、ワシントン政治の改革に乗り出したが大失敗。「ジョジア・マフィアー」と言われる切れ者を自分のブレーンにし、閣僚も新鮮味のある小さい州の元知事、上院議員を任命したが、ホワイト・ハウス高級官僚の支援なく自滅。それで、元大統領ジミー・カーターがクリントン氏個人の親代り、目付け役となり、よく相談にのり、エドワード・ケネディー（ジョン・F・ケネディーの弟）がむくれたことがあった。

ワシントン・インサイダーを自分の陣営に使うことが大切なのは、法案通過の元締めを握ることで議会工作上必要悪だが、閣僚には、ロイド・ベンツェン（財務）、レス・アスピン（国防。軍事外交失敗で一月末で退官）、レオン・ペネッタ（予算管理）を政府の最重要閣僚に任命し、また民主党全国委員長、ロン・ブラウン（ワシントン・ロビイスト）を商務長官にと抜け目のないやり方。連邦下院議員で百人の新人（四三五人中）を敵に回すことを恐れたクリントン政府は、共和党との共同歩調と同時に、民族のダイバーシティー雇用を採用した。

（イ）ダイバーシティー登用

選挙支持団体の地盤が弱いクリントン政権が、選挙前から模索し、アメリカ全体を直視し、民族、地域、宗教、性、教育などの平等雇用を図ろうとした大変化政策。政治は一般に住民から浮き上がり、ワシントン政治はもっと悪く国民から隔離していた。ジョージ・ブッシュー大統領がコンシューマー・コンフィンダンス（消費者の信用）が悪くなったとマス・メディアが騒げば、ニューヨークの有名百貨店で、靴下二足とハンカチを二枚買って信用回復を図ったがマス・メディアの失笑を買っただけ。ホワイト・ハウスに長い間住んでいると国民との接触がなくなり、「国民の声」が分からなくなる。これを避けるために採用されたのが、ダイバーシティー雇用の本音である。国民との窓口を広める大切な採用を政府のトップ・レベルでやる。これは、マイノリティーに大きな希望を与えた。

多種多様の人的、文化的、宗教的、地理的条件に性別のゼンダー・ギャップを考慮し、若者にも政治参加をさせる。米国のメルティング・ポットを実際に国民に見せることで政治大改革を試みている。選挙中、若い有権者、選挙運動家、ボランティアの支援で予備選挙を勝ち抜いてきた理由はここにある。

（ウ）疑似トロイカ制

ダイバーシティーを建前とするなら、政権内のインサイダー中のインサイダーがいて、疑似トロイカ制が本体である。大統領の左右に副大統領、アル・ゴアと妻のヒラリー・ロードハム・クリントン女史がいて、彼女は肩書なしの実力者。テネシー州出身のアル・ゴアは政治家名門のワシントン通で元上院議員。予備選に出たが、五か月で落伍。それ以後クリントン支持に回り、最も信頼の置ける有能な政治家。外交知識も少しはある。環境管理、自然、衛生、保護にはラディカルとも思われる進歩的な人物で大統領に忠誠。

ヒラリー・ロードハム・クリントン女史は古代エジプトのクレオパトラ的存在。美貌、知性、勇気を持ち、演説は天才的資質の行動家。ファースト・レディと呼ばれることを嫌いながら、雑誌のカバー（表紙）写真に出たり、ハリウッドの超一流の美容師を使い、高い時には二千ドルもする美容好き。選挙中、ビル・クリントンは、「私に一票入れてくれれば、ヒラリーと一緒に仕事するから、二票の価値がある」と本気で言っていたように、ヒラリーは仕事師である。しかも、閣僚ではないのに政府の最高意思決定に参加する。これをクリントン政権の大きな「泣きどころ」と見るか、新時代の大統領補佐制の正しい形と見るかが論評の分かれるところだ。

否定的に見れば、クリントン大統領自身の人格、リーダーシップ、権威、大統領制に大きな傷がつく。肯定的に考えれば、ルーズベルト大統領の時代の夫人の実権は、秀吉の妻「淀君」よりも強かった。レーガン大統領時代のナンシー夫人も、閣僚の入れ替えや大統領の旅行日程をも指示した。控え目なバァバラ夫人はマイ・ジョージ（ブッシュー大統領を呼ぶとき）の行動を細かく、食事まで監督していた。結局、どの大統領夫人も主人たる大統領を公私とも左右していたのだ。主人をコントロールできなかったジョンソン夫人、ニクソン夫人、フォード夫人はアル中になった。

ヒラリー・ロードハム・クリントン夫人はイェール大学法律学校でビル・クリントンに出会った。結婚するまで五年の月日。離れたり、行き違ったりの冷たい仲だった。ビルは二十九才でアーカンサス州検事総長に当選したのでアーカンサスへ移ったが、それまでは、主にワシントンで法律家として活躍していた。結婚後三年間はクリントン氏の姓名を名乗らず、知事選に不利と感じ結婚名を使った。ビル・クリントン氏はアーカンサス州知事には三十二才でなり、最年少の知事になったが、二回も落選し、順当な政治の道ではなかった。アーカンサス州知事を十二年間務めていた夫を置いてクリントン夫人はワシントンで活躍し、優秀な女性弁護士百名中、二十五番から二十番目位にあって、年俸は夫の十倍以上も得ていた。彼女はワシントンに居ても、教育の振興、キューバ難民の受け入れ（これは落選の引き金）、医療保険の改善、貧困児童養護、国民生活向上、全米知事協議会などクリントン知事政策を実行に移す立て役者であった。別居が多いため、主人の女性関係が乱れていた。それはクリントン実父、ブライスが実母バージァと結婚する前に一人の男児をもうけ、また、結婚中も別の女性とに女児がいた家系からも分かる。選挙中にこの事実が報道され、ビル・クリントン氏との女性関係で元秘書がマス・メディアを大きく利用していたら、クリントン氏は四三％の票を得られず、連邦議会で大統領が決定されていただろう。

ヒラリー・クリントン夫人の偉いところは「主人を立てる」ことだと言われている。元秘書フラワーズとの関係がさわがれた時、主人の犯ちを許し、「私は家庭でクッキーを作っているより、国家の為に大切で、やることが沢山ある」と報道陣をいなし、「昼も夜もビルの首を縛っているのは私でなくて、ジャーナリスト」と鋭く釘をさして、選挙中は騒ぎは沈静。

彼女のすばやい決断力は定評がある。大統領就任式後、ホワイト・ハウスで行ったオープン・ハウスでは切符のない人は白亜館内に入れなかった。それで、クリントン大統領夫婦がわざわざ外へ出て、来客全員に握手をして回った。盲目のサウンド・サイレンスのコーラス隊も切符の不足でホワイト・ハウスに入れなかったのをヒラリー夫人は、特別許可。女性司法長官（ジウイ・ブレーア）の任命を（家政婦が非永住権者であるが社会保健負担金未払）すばやく長官辞退に進めたのもヒラリー夫人。今日でもまだまだ改革できない医療保健制度改善のため、最高責任者に選ばれ、ホワイト・ハウスの西側の二階を全部事務所にして、無報酬で働いているのも彼女。

慣例からするとホワイト・ハウスは西側の建物は副大統領が占有する所。東には大統領、西には副大統領が独占するのに、ヒラリー夫人が、二階を全部使い、そこに六百人位の職員を置いた。その中には連邦議員の職員、コンサルタント、医師等がいるが共和党員は一人もいない。初めは公聴会も極秘で行ったので、全米医学協会、健康保険政策団体から訴えられ（連邦議会運営法に抵触）、第一審では敗訴したが上告申では勝訴。

彼女の秘密行為の正当化は、医療関係諸団体が大きな政治圧力団体でロビイストが医療改革を妨害する。「法案がまとまる段階までシークレットでやっているが、それ以後の公聴会では反対側の意見も聞く」と。医療改革と医療費の大幅なカットをやらないと二〇〇〇年には、G・D・P（国家総生産）の三分の一にもふくれあがり、財政赤字で国家が破産するだろう。

ヒラリー夫人は、軍事関係圧力団体と匹敵する最強の政治ロビイストを敵に回しても、予選公約を果たそうとするには、国民の支持がなければならない。彼女に対する世論調査は好意的で六三％。政策や人事決定に主要な役割を果たすことには五九％が反対。その一方で伝統的なファースト・レディの役割をするが望ましいが七〇％もある。ここに夫人の難しい立場がある。アル・ゴア副大統領よりも人気があるヒラリー夫人は実質上「女帝」になり、ビアラリー大統領（夫のビルと妻のヒラリーを合わせて言う）、ビル・第一副大統領等、アル・第三副大統領のトロイカ制になりかねない。この現実化を直視する時、大統領選挙の本質が検討されなければならないが、紙面上割愛させてもらう。

三　クリントン政権の人事

この問題はクリントン政権の特質を人事面から詳しく論じるのが目的。日本では政治は「水物」とか「四畳半談議」とか「永田町」の金屏風につつまれたものと思われ、人事は副産物で、大物政治家の「たらい廻し」だった。クリントン政治では「ガラス張り」で忠誠とやる気がある者を登用するが、ダイバーシティ制の中でやろうとしているのが無理なこと。

大学出身校から見ると日本の学閥とは言わないが、イェール大出身三人、ハーバード大三人、ジョージ・ワシントン大三人、M・I・T（マサツセッツ工科大）二人の閣僚。次官級、補佐官級を入れると東部州の大学が多く、シカゴ学派は減り、スタンフォード、バークレー校出身者一人ずつ。これにローズ・スコラーと言われるオックスフォード大留学生が三人が大きな絆。五〇代、四〇代の壮年の中に三〇代、二〇代が次官級レベルにいる人事構成。これこそ大きい改革。

大統領が変われば、閣僚以下三千人以上の上級職員が変わるアメリカ政治機構で、ブッシュ一大統領はレーガン大統領時代の上級職員を再任命したが、クリントン氏の場合は党が違いビジョンが違うと総入れ替えをしなければならない。これが大変な作業である。日本のような官僚制で、上級官僚は政権が交代した場合でも変らない。司法長官になったジェン・リノ女史は連邦検事九五人に対して三か月以内に辞任届を出すように命令して、国民の非難を受けた。共和党の九五人の後任をまだ半分も任命できずにいる。裁判官の場合は、百十八人が空席になっている。司法省の二番目に大切なポジション（市民権分野）の次席検事長も空白である。大きな理由は、ダイバーシティー採用の大原則で任命すると女性、身体障害者、黒人、アジア系、メキシコ系、アメリカン、インディアン系、ゲイ・レズビアン等を多く採用しなければならないが、最適任者がいないのだ。政治に無経験な人を採用し、下級議員のつき上げを喰ってやめて行く。

ダイバーシティーはマイノリティの連邦政府上級職レベルへの昇格を主眼とするが、これは各州の地域構成のバランスも兼ねている。ここが痛いところ。アメリカ五十州の東、西、南、北諸州を地域均衡の上に閣僚級、次官級を選び、歌舞伎の総顔見世の様相。その中でカリフォルニア州は一番多く、四人の閣僚、二人の次官と顧問。世界経済第六番目、州人口三千三百万人の一番大切な州。一九九六年の予備選挙が六月から三月に移り、カリフォルニアとニューヨーク州を制覇した者は、その党の大統領指名を受けたのも同然。こんなに強力な州をブッシュー氏が無視し、テキサス州（地元）に力を入れ過ぎたのも敗因の一つ。党で指名されても大統領にはなれない。間接選挙で大統領を選ぶ選挙人団の選挙をやっているからだ。

白人であるがジュイシュ（ユダヤ系）は過去三十年間いつも権力者の中にいても問題が多い。それは、歴史的な反ユダヤ思想に基く人的構成のワスプ（白人多数民族でプロテスタント）の中に入らないし、現在イスラエル国家とも関係する。カリフォルニア州ではユダヤ系アメリカ人がニューヨーク州に次いで多く、映画等娯楽界は勿論、弁護士、医学、教育、ハイテック、保険、自動車販売、宝石商、証券、金融界等あらゆる分野で大変成功している。民主党時代でもユダヤ系アメリカ人は絶対無視できない。現閣僚にはユダヤ系三人で少ない。ニクソン政権では五人、レーガン四人、ブッシュー三人であるが共和党時代の次官級の三分の一はユダヤ系で占められていたが、彼等の多くを現政権は代行職員としてまだ雇用している。

女性登用が非常に多いのも特色。例えば、厚生福祉省長官シャーレーラ、エネルギー省長官ヘーゼル、環境保護長官ブラウナー、司法長官リノ、国連大使オルブライト、次官級でも三人。大統領経済顧問タイソン。最近マルワナの許可を提案した医務総監エルダーズ、レズビアンの権利を主張し、全国組織委員長から厚生建設省次官のロバータ、アクデンバーグ、異色中の異色で海軍省長官は、女性である。

マイノリティー閣僚も誕生した。黒人二人、商務と農業。メキシコ系アメリカ人も二人。アジア系はまだ閣僚や次官級にも入っていないが、部長レベルで四人。その中で松井ドロシー（松井ロバート下院議員夫人）と林デニス（元日系市民協会全国書記長）が登用された。マイノリティー中のマイノリティー日系人やアメリカインディアンは、まだまだ遠い道を歩かねばならない。白人女性の飛躍的進出は、やはりヒラリー夫人の声が大きいからで、マサチューセッツ州のウェルズリー女史名門大学を優等で卒業し、「女性市民権運動に力を入れる」と卒業式の答辞で述べた。その発言のように、女性は市民権運動のマイノリティーではなくなってきた。

四　対日政策

クリントン政権の弱い所は、対日専門家がいないこと。結論を先に言えば、アンフェアな相手国たる日本に対しては対決の姿勢を基本政策とし、管理貿易、結果重視主義でやる。更に強気になれることは、二十一世紀は中国が大切で、中国経済市場の拡張こそ急務。中国専門家が国務省に必要だが、日本専門家不要。コメの関税化はウルガイ・ラウンドでまとまり、現実に米不足から輸入を余儀なくされた日本。今は、自動車、自動車部品、公共事業、航空、金融、証券、半導体、知的権利等、日・米貿易の格差が大きい分野では対日強行論者が多い。更に、日本の系列会社の規制、外国ロビイストの規制を断行する。カンター貿易代表の発言にしばしば見られるように、「日本は外圧がなければ、何も実行しない貿易保護国」だと思う。リンゴの輸入にしても問題を（害虫免疫方法と人体に及ぼす害の有無で五年もやり合っているが）輸入をのばし続けている。

現アメリカ政府の中枢にいる者で親日派はいない。クリントン大統領は、知事時代に三回、七か国頂上会談で一回日本を訪れているが日本のことは無知に等しい。ブリティシュ・コロンビアでイエルツイン大統領と初めて会談した時、(四月一日)、日本の悪口を言い、「日本人のイエスはノーで、ノーは時にはイエス」だと言い、「日本人は信用せず、プレッシャーを掛ければよい」等と耳打ちしたクリントン氏。マンデール駐日大使は、元カーター政権の副大統領で大物政治家であるが、労働組合をバックにして対日強行論者だった人。商務長官のロン・ブラウンは全米民主党議長で、日本企業ロビイストであったが、立場が一変して、弱い所を押さえられている。ローラ・タイソン女史は、若くしてカリフォルニア大学、バークレー校教授の時代は、日本企業から研究費や会議運営費をもらっていたが、大統領経済顧問になってから、日本をけなす発言をやっている。

去年四月九日に外務省が発表したもので、「米国における対日世論調査」でも、米国民の八十％が貿易障壁の不正がまだまだ日本にあると指摘している。バブル崩壊と円高攻勢を受け、日本経済はどん底へと転落。政治汚職から政治改革へとラッパを吹いても八頭の馬が自分の党に縛られ動きが取れない細川内閣は、参議院で政治改革法案を自民党と交渉し、政治献金骨抜き法案として通過させた。

五　日本の取るべき道

アメリカが日本に要求してくるものは、国内市場の開放、貿易収支の改善、景気回復、経済の発展促進ばかりではない。基地の軍事費負担金の増額からアメリカの肩替わりまで。開発途上国はじめロシア、東ヨーロッパへの経済、技術援助は勿論、P・K・OとP・K・F（国連平和維持軍）も含み、日本の国連活動の指導力、O・E・D・Aの増額等々。アメリカの双子の赤字（財政と貿易）の数字は、常識を絶し、世界一負債国。財政赤字解消は革命か現在の五倍の税金を課すかの選択。貿易赤字は、輸出振興と保護貿易主義を採るかの択一。仮思敵国が存在しないとスケープゴートが必要な国民性で、悪玉をいつも探しているアメリカ。北朝鮮が最近の一つ。イラク、イランはよい鴨だった。

日本は外圧で動くが、アメリカは内圧（住民のプロポジション）で動く。アメリカは外圧に反発し、内圧を醸し出す。それは大統領のリーダーシップからだけでなく政治活動家からも生まれてくる。日本では残念ながら首相のリーダーシップも余り期待できない。リーダーシップのイメージ作りは国民に好かれ、道徳や倫理、人格、行動等も含め総合的な権威からにじみでてくるものだ。クリントン大統領が人気がないのは、女性関係以外にホワイトウォーターの開発事業会社にからみ、友人のマクドォーガルの経営していた貯蓄貸付銀行（マディソン・ガランティ）破産に深く関係していたから。政治汚職にまで発展するのを恐れて、友人が自殺したので、独立調査官の任命を発表したが、こういう政治問題がヒラリー夫人を火中に巻き込めば、外交で点数をかせがねばならない。北アメリカ自由貿易圏批準が議会を通過しても、このNAFTAに関連して大きな問題をかかえている。こういう悪い時期に、外交上失敗を繰り返せない。ボスニア内紛問題、ソマリア政治問題、ハイチの政治解決には失敗し、防衛長官レス・アスピンが辞任して国民の批難をかわそうとしているが果してこれでおさまるだろうか？

イコール・パートナーを主張する日本人は「アメリカ人がよく働かない」、「もっと努力しなければだめだ」とよく言う。宮沢首相の如く、「労働意欲や倫理がどうの？」。中曽根元首相は「教育水準が低いのは、黒人やメキシコ人が悪いからだ」と。最近、日本人は優越感を持ち、他人の事に口を出し過ぎる。特に、マス・メディアのグループは、アメリカに二、三年住んでいるとアメリカの悪いとこばかり目につくのであろう。それは、裏を返せば、日本人が無知と言うことである。もっと悪く、彼等の思考過程を考えれば、アメリカ全体を歴史、文化、民族、言語上考察していないことである。日本人が「良い」のは、日米全体像から比較してそう思うのであって、政治家、企業家、学者、ジャナリストを個別に比較してみると日本の方は悪いのではないだろうか。

日・米関係を政治、軍事、経済、貿易関係から考えてきた日米の文化人も多い。これらの関係を要因にして日・米関係を論じていると日・米関係はいつも損・得の利害関係になって、ギクシャクする。アメリカは経済、貿易面では受身であったが、クリントン政権はこれをオフェンシブ（攻撃型）に切り替えた。国家安全保障会議をモデルにした経済安全保障会議を母体に対日強行方針を採り、品目別市場開放の割当（%）を主張している。こういう強行手段を取るのは、アメリカの保護主義政策の裏返しなのである。現在、公平、信頼、協力の精神が薄れている証拠でもある。この主な原因を日本が作ったし、その主要原因ーお互いの不信感を早く取り除かねばならない。

それには、まず、過去の日本的思考を捨てなければならない。アメリカは現軍事力を維持しながら、経済力を最強にする方針。経済貿易促進は外交政策でもあり国内政策第一でもあるクリントン政権に対し、「本音で語り合う日・米関係」、「転機の日・米関係」等とイメージ作りをしても通じない。イコール・パートナーだから「言わなくても分かってくれる」だろうと信じている日本人がまだまだ多い。「談合」、「腹芸」や「以心伝心」は日本人社会では通用するのだろうが、これは「時間稼ぎ」の手段に使われていると疑うアメリカ人には逆効果である。若い世代の政治家が多い現政権は、「時は金なり」の家庭、社会や経済環境に育っている。「時間が経てば」の態度や考え方は、グーローバルな世界経済では不信を買うだけである。

アジア敵視のアメリカが、アジアを朋友と考え、シアトル会議（十月十八日）を主催した。クリントン氏はA・P・E・C（Asia Pacific Economic Conference）をアジア経済戦略の基盤とする。アジア・太平洋経済協力閣僚会議をボイコットしたマレーシアのマハティール首相は、東アジア経済会議（E・A・E・C）を重視し、アメリカ抜きのアジア経済の発展の具体案を発表。日本も米国を配慮しながら、慎重にアジア重視を考えねばならない。イコール・パートナーでは、日本人が、イコールを強調し、アメリカ人はパートナーに力を入れ過ぎている。アメリカの肩替わりもパートナーの線で要求される。貿易促進には三〇一条の制裁条項をちらつかせるアメリカ外交は誰がなっても変らない。「変えられない」のである。それで、アメリカの社会、経済、政治、軍事、教育問題等をよく考え、クリントン政権の泣きどころを論じてみた。どんな社会でも「変化」を求めると弱点が論議され、それを正さなければ破綻が生じるからである。その破綻が起こるのは「変革」をしなければならない原因究明の途中で起こるのが普通で、人間の利害、悪徳関係にまつわる究極の問題である。「政治改革」はロシア・アメリカ・日本・イギリス等大国の大きな課題であり早く始めなければならない。

平成六年一月十七日　　林ヶ谷　昭太郎

（若狭高校商業科雑誌第42号　平成6年3月号）

異文化間のコミュニケーション四十年

州立サクラメント大学名誉教授　林ヶ谷昭太郎

一　異文化間のコミュニケーションの原点

キリストは異文化間のコミュニケーションの原点である。キリストの説教は、異文化間の民族を対象にしたものである。二千数十年前の中近東の民族構成は、現在のようなものではなかった。国境も明確ではなく、人種間の抗争も絶えなかった。現在でも、イスラエル、レバノン、シリア、ヨルダン、イラク、エジプト、トルコ、サウジ・アラビア等の民族に分かれ、宗教的には、イスラム、キリスト、アーミッシュ、ユダヤ等でその民族の中で、言語上も多数に分かれていた。色々な宗教、言語を乗り越え、異国の領土で、迫害を受けながら、キリストの愛の教え、即ち、普遍的な神の福音を学び弟子たちが、聖書にまとめた。この時代には、大衆、或は多種民族間のコミュニケーションの土壌がなかった。大衆は、聞く耳も、異端者間の共通の言葉さえ持っていなかったが、コミューンを作り、宗教と政治の指導者の下で、原始的生活を営んでいた。ローマ帝国支配にあったユダヤ人支配者は、キリストの教えは、自分たちの地位や権力の維持に不都合で、ユダヤ教の信仰にも反するとし、キリスト教を恐れた。この時代のコミュニケーションに必要な基本的条件－信仰と服従－が崩れ、キリストは、弟子によりローマ軍に売られ、イエルサレム地域の安寧のためにと、最後には処刑された。

このキリストの例は、異文化間のコミュニケーションが如何に困難であるか、また言葉が共通であっても、民族、宗教、政治、文化、習慣等が違えば、コミュニケーションがうまくいかない典型的な例である。例えば、韓国と北朝鮮の場合は極端な政治的イデオロギーの違いと経済格差、北の独裁主義思想で両国の話し合いは非常に難しい。話し合いは国威や経済の利害関係ばかりでなく、指導者の面子によっても左右されている。

私は、アメリカ生活四十二年。その内、四十年を大学講師。更に、カリフォルニア州立大学サクラメント校で、三十三年の長期に亘り、異文化間の中で教鞭を取ってきたが、コミュニケーションの難しさは骨髄に染み込み、今日でも不安を感じる。異文化間の教授生活の体験は、自分の貴重な財産であるが、必ずしも自慢できるものではない。大学での日本関係コースを十一設け、日米文化関係プロジェクトを七つも指導し、日本語教育、文化普及のパイオニアと言われているが、日米文化、教育交流に決して満足していない。それは「草の根」の交流に大学予算が少なく、学生の興味が続かなかったからである。

一方、コミュニケーションの基礎作りに努力している間、私は、ポート・オブ・サクラメント日本人学校を創設し、指導もしているが、実際、今日の優秀な学校に発展したのは、私を支えてくれた理事、先生、保護者と生徒達である。日・米の懸け橋を果たしてくれるであろう学生への当校での教育は、異文化と共生する日本人学校の校風を表す「ちっちゃい地球人」をモットーにして、二十六年も続いてきた。アメリカでの現地校と日本人学校との両立は、二つの言語、二つの文化、二つの習慣、二つの学校、二つの社会で、民族間の競争に打ち勝たなければならず、受験予備校生の比ではない至難の業である。現地校の勉強が「わからない」し、日本人学校の授業や体操は「つまらない」と思う生徒は、自分を見失っている学生で、将来コミュニケーションが上手にできない学生になる。

日本人は、戦後、異文化社会の中に入って約六十年。日本の大学が、異文化コミュニケーションを教え始めてほぼ三十五年。初めてのコミュニケーション・コースは、英文学部の学生を対象に、学生数の減少を止める狙いで始まった。それは、戦前まで、日本人が、同一民族、同一言語、同一宗教、同一文化の社会に育ち、外国を知らない閉鎖社会に生活をし、またそこが競争の少ない島国であったから、日本においては、コミュニケーション学科は必要でなかった。最近は、社会科学部の生徒数獲得に、新聞報道（ジャーナリズム）学科とコミュニケーション学科が一緒になり人気が出てきた。

戦後、国際性が強調され、グローバライゼーションが日常生活に入ってきても、それでも日本人の外国語取得上の言語障害は治らず、外国語に弱いという悪評を今日でも甘んじて受けている。それはアメリカ人にも言えることであり、アメリカ人は大陸にいて「井の中の蛙」で大海を知らず、傍若無人か自己中心的である。

全米民族学会で発表する日本人学者のセクションには聴取者が少ない。その大きな理由はコミュニケーションが下手だからである。日本人は、昔ながらの「相手に分かってもらえる」、いや「分かる日が来る」という誤った思い込みで、発表の技術、論文の内容等、言語上大切な表現をおろそかにする。発表論文をほとんど全部覚えておく位、発表の練習をしなければならない。我々日本人学校の毎朝礼時に、生徒と先生各一名がスピーチする事を続けている。少しでも日・米文化、祭日、行事の違い等、またその意義を知ってもらいたいと思っているが、十分に準備せず、また練習もしない者もいる。人々に自分の考えを説明し、話を理解させる努力を積み重ねる良い機会の「発表の場」を活用していない人がいる。特に気になるのは、アメリカで二、三年勉強して、いかにも英語がわかると自負している学生や先生である。三、四年勉強して学位を取っても、アメリカでの現実社会の体験が少なく常識に欠けるから、英語能力がかなりあっても、学校の先生や大学教授への道は険しい。何故なら、高度な発表能力と知識、更に、広範囲な社会常識が必要だからである。

二　異文化間のコミュニケーションは相互理解から

この問題は、レベルの上・下の問題になるが、私が論じたいのは上級のコミュニケーションについてである。多くの者は、コミュニケーションの対象となる聞き手や読み手を余り気にしていないようである。日本人の政治家、学者の演説を聞けば、聴衆の把握が出来ていないと感じることが多い。まず相手を理解するには、グローバル社会において、民族、信条、主義、年令、性別、国籍を踏まえて、相手の文化や習慣、更に宗教や政治機構をもかなり研究しておくことである。私は、講演する時には、聴衆の特徴をよく訊き調べる。講演会場ですぐに判断し、原稿を大きく変える時も度々ある。日本の文化を話す時には、相手の立場を尊敬し、相手が受け入れてくれる環境を作らねばならない。日本人の宗教、文化、芸術、美徳、伝統、歴史、侵略戦争等の演題の場合は、特に気を遣い、相手に理解してもらえるよう、十分な準備と資料を使う。伝統工芸の場合は、スライドやビデオを使い、説明には、歴史性、芸術的意義、その作者の生い立ちや人生観を話せば大体納得してくれる。伝統芸能の歌舞伎、文楽、能の講演の場合は、講義アウトラインを作り、ビデオ・フィルムに頼ることが多い。

文学は、そうはいかない。古典文学から現代文学を一学期で講義すること自体ほとんど不可能であるのだが、州立サクラメント大学ではそれをやらねばならない。しかも、日本の原典を土台にして教えるのだから、学生の理解度は、日本語の能力次第で優・良がつくと思われがちだが、そうではない。その日本文学作品を理解し、英語で上手に表現できるかが大きな差になる。それで、日本人留学生は文句を言う。ここに、日本文学におけるコミュニケーションの共通語を日本語にするのか、英語にするのかという大きな問題が浮上する。アメリカで講義を受ける場合の第一言語は、当然英語である。同じく、日本の大学で、英米文学を習う時の教科書に原書を使っても、やはり講義やレポート論文は日本語でやるのが普通である。場所と主題により、コミュニケーションの共通言語が変わるのである。

最近、問題になったのは、民主党大統領候補に落選したハワード・ディーン。彼の強引な態度、例えば、民主党大統領候補のアイオワ民主党大会で敗れて、選挙運動関係者に挨拶する時、感情丸出しの金切り声で絶叫し、アピールした選挙惨敗の無念の声は、マス・メディアの批判の標的になった。それと同じく、自己優越主義で、カウ・ボーイ時代の思考と態度を示すブッシュ大統領の演説等は相手を無視した、いや、反対者を念頭におかない、保守主義者や保守宗教家には受けるコミュニケーションである。カリフォルニア知事になったアーノルド・シュワルツネッガーも相手を理解する態度が無い。これら三人のコミュニケーションは、技術が下手で、国民の支持を得られず、長続きしないだろう。現在も、指導者の地位を維持しているのは、本人のコミュニケーターとしての能力より、彼等のブレインが上手にマス・メディアを利用できる資金、能力を持った忠誠者であるからだ。

三　良きコミュニケーターとしての素質

高い常識、豊かな知識、強い語学力と発表技術を持っていること。簡単に言えば、高い語学力を備えた教養ある文化人である。若年層は、この定義に不満を感じるらしい。私は更に、話し方、書き方の工夫をして、どうすれば、相手に正しく理解してもらえるかを考えてみようと言ってきた。

一九九六年に桜美林大学大学院国際学科で六ヶ月間集中講義をおこなった時、「日本人らしさ」、「女らしさ」、「文化人として」、「学者として」、「良きコミュニケーターとして」等を議論した。ゼミの院生は、私の言う「らしさ」、「として」の枠組みに反発し、個性や自主性を否定するものであると言う。特に、「日本人として」の表現に反発してきた。私の答えは、「日本人として」、或は「アメリカ人として」どう思うかの質問例であったが、二つの国民の中のグループの集まりでは、「日本人は」とか「アメリカ人は」とかの広義の概念でしか話せないことが多い。「母として」、「先生として」の場合、「人間として」どうだろうかと言えば、話の論点がぼけてくる。現在ほどグローバライゼーションが進んでも、「世界人として」の定義が確立されない限りは、国家内や諸民族内、同一文化の枠内でしか話し合うことができない。

この点に関して、我妻洋氏、元U・C・L・A文化人類学教授の本、「日本人とアメリカ人－ここが大違い」を読めば、「日本人とアメリカ人が完全に理解することは不可能だ」といわれる訳がよく分かる。何故だろうか。

その大きな理由は色々あるが、個人主義の徹底したアメリカ人と、家庭の平和と社会の安全を考える日本人との家族主義の違い。更に、言語、宗教、人種、価値観、社会規範の行動体系の違い。これら「大違い」の根底を成すものは、考え方の違いと生活習慣の違いである。この日米の両極端な違いのため、両国民は不信感を抱き、いがみ合うことがよくある。その多くは、アメリカ人のゴリ押しから起こるのである。

四　語学力が高くてもコミュニケーションは困難

論理を重視する英語と、感情表現を美しいとする日本語には、両言語自体に摩擦を含んでいる。その摩擦の根底には、宗教の違いの他に、日本人に必要な相手の心を読む努力、また思いやり、立場の尊重等があるが、アメリカ人にはこれらを想像もできない。若い層の日本人にはこのようなことを無視し、特に日本人留学生は、早くアメリカ人的になろうとする。それが大学の成績を左右することは間違いないのであるが、彼等が使う英語はゴロツキの低級な英語なのである。私は、U・Cバークレー校講師時代に、小田実氏がベトナム戦争反対運動のため、カナダ経由で隠れてバークレー市に来て、演説されるのを聞いた時、この人が有名な「何でも見てやろう－アメリカ一周」の本を出した人か、と大きな疑問を持った。彼の英語は、普通以上の知識と能力を備えるべき文化人としての英語ではなかった。「べ平連」会長という肩書きがなければ、U・Cバークレー校の左派グループの支援はなく、講演もなかったであろう。

コミュニケーションにおいてより一層大切なのは、言葉や表現がその人柄を現すことを自覚すべきである。真実味があるか、裏に何か隠されていないかと疑えば、相互信頼のコミュニケーションが成り立たない。表現の一つ一つに注意して、相手を知る努力をしても、本心が通じないことがある。アメリカ人は表現を額面通りに受け取るし、日本人は、ぼかした表現をする。例えば、YESまたはNOの答えにも、日本人がどちらにもはっきりさせない時は、相手の気持を思うからである。個人主義が徹底し、金で相互の利害をはっきりさせる訴訟社会のアメリカでは、YES、NOを小さい時からはっきり使い分けなければならない。相手の顔色を見て答える日本人的な社会ではない。元ソニーの盛田昭夫氏（故人）と東京都知事共著の「NOといえる日本人」は一九九〇年頃一躍有名になり、日本人の政治家や企業家の代弁者になったが、アメリカでは、それほど高く評価されず、強く受け入れられないまま埋没してしまった。アメリカのマス・メディアに叩き潰されたのである。

また、一層コミュニケーションを困難にしているのは、日本人社会では、裏と表、本音と建前、男の決断と女の意志等、相反する精神構造で物事を捉える場合が多いことである。中根千枝教授は、U・Cバークレー校の博士論文で日本人の「縦社会の構造」を発表し、土居武郎教授は、「甘えの構造」で日本人の甘えの社会を批判し、南博教授は「日本人の心理」で、日本人社会に根付く古い精神や心理を分析し、外国人社会には通じないと指摘された。三人の教授達は、戦後の日本を直視され、日本人社会の弊害を厳しく批判された。我々のように、アメリカ社会で日本研究をやる者にとって、これらは必読書である。また逆に、「菊と刀」を書いた人類学者ルース・ベネディクト女史の日本社会に関する研究では、恩と義理、人情を中心に、主従関係、社会的地位、家族の絆等、伝統的精神と武士道の教えを分析し、その成果は、日本占領政策の基本方針となった。最近、「ラスト・サムライ」の映画界における期待が大きかった。トム・クルーズ主演、渡辺謙の描く日本人武士道は、アメリカ人には難し過ぎるのか、それとも武士道の精神に疑問を抱いているのか分からないが、「七人の侍」や「用心棒」と比べて何ら劣るところが無いのに、アカデミー賞から外され、渡辺謙は助演男優賞を逃した。この点は、米国人の日本社会に対する理解度、悪く言えば、評価基準がアメリカの商業主義に基づいていると言えなくもない。日・米の文化摩擦はまだまだ続くであろう。

五　和製英語とアメリカン・スラングによるコミュニケーション

結論を先に言えば、どちらも通じないことが多い。戦後の日本語改革は、漢字の規制、表現方法の統一であったが、カタカナ表記を統一しなかった。そこで、戦後の文化人やジャーナリストは英語の発音を日本風に発音し、また英語からの造成語を多く使い、時代の先端を走ったエリートであったが、同時に日本語の破壊者でもある。それらのカタカナ日本語は約六八〇になり、日常使われ、毎日二、三個新しく生まれる日本の社会は言語障害を起こさないのが不思議である。

英語からの造成語はアメリカ人には分からない。また学者間だけで通じる和製英語も多く、私にはすぐには分からない。最近、「セミリンガル」という単語を使ったロス・アンゼルス日本語教師会の報告を聞いて、発音上セーマイ（Semi)

の語意の理解度にあるのか、私には分からなかった。「次の」、「準じた」の意味に使っているのであろうが、継承言語を論じる時、「セミリンガル」と言うのは、何等定義を成さない。スポーツ界では、「セミプロ」(これ自体、和製英語)とは、「プロフェッショナル」ではないが「プロ」に近い能力また技術を持つ上手な人であること。ところが、「セミリンガル」と言えば、日本人のように話せないし書けないが、継承日本語の範疇に入り、家庭内言語の継承をする人を言う。学習日本語の習得のように、勉強、調査、研究の探求に向かない日本語教育でもよいという。ここに言語知識及び横文字表記と単語の意味にズレがある。

一九九六年三月九日の「難しい言葉の審理」裁判で、参考になる例があるので紹介する。英和辞典の英文和訳の適切さを巡って争われた最高裁判所判決に(He won't see being used.)を「彼はだしに使われて黙っていまい」の訳が正しいかどうかがある。私は、こんな意訳をしなくてよいと思う。又、多くのビジネス・ホテルで(Drink water)のサインを見るが、「水を飲め」で、「飲料水である」と解することができない。更に、JR京都－大阪間の電車内で、「The very, very Kyoto.」の宣伝広告を見たが、文法上間違いである。

二年前の日・米外交にイラク戦争に加担するかどうかで面白い外交秘話を読んだ。アメリカ国務省副長官、リチャード・アーミテージ氏が、日本大使に(Show me your flag.)と言って日本政府に即答を迫った。日本側は、アメリカン・イングリッシュ(奴隷解放戦争時代の表現)を直訳して、翌日、日本国旗を見せたらしい。この英語は、カウ・ボーイや戦争物の映画に使われるが、現代では古い表現で、スラングとして使われている。今でも、「あなたはどちら側につくのか」という意味で、同じ民族が戦った独立戦争と南北戦争の歴史を勉強していれば、すぐ分かる英語なのである。

アメリカン・スラング(俗語)を日本の方言に近いと理解する人が多く、大学生は論文にも使うが、これはいけない。一般に、スラングは、その時代のマス・メディアによって造られるが、必ずしも全てがそうではない。若者や学生、その中でも社会、時代の先端を走る芸能界の人々から流行していく単語である。最近の「クール」を例に挙げれば、「すばらしい」を初め、「ワンダフル」、「ファンタスティック」、「スマッシング」、「アウトレージャス」、「ダイナマイト」、

「マーバラス」というように、時代や社会環境によって変化していき、最近の「クール」や「タイト」は、「いかす」、「すごい」という日本語の意味であろう。十年程前の「ナウい」の表現に困った私は、スラングの勉強を始めたのであるが、使うタイミングに失敗して恥じをかいたことがある。

六　異文化間のコミュニケーションで大切なもの

まず、高いレベルのコミュニケーションでは、常識以上の知識、教養、人格に加え、高い語学力と相互理解、相手を尊重する必要がある。何十年もアメリカ生活をしている人でも、この大切なことを自覚していない。アメリカ人は一般に優越感を抱き、アメリカ唯一主義を通す。それは、フランク・シナトラの歌う（My way）「我が道」である。これらに反し、日本人は、服従と忍耐を良しとしアメリカ人に逆らわない。「長い物」に巻かれよと言うが、若い日本人学生も同じであるとは言わないが、この傾向がよく見られる。論理的、技術的アプローチでは、日本人は負けである。だから、コミュニケーションが一方通行になるのを恐れて妥協してしまう。

しかし、人間の情緒的、詩的アプローチでは、日本人は、世界的にも優秀である。日本の古典文学などは、ギリシャや中国文学にも負けていない。ところが、現代の資本主義的自由社会では、すべては、ビジネスを中心として考え、I・T改革も、会社や個人の利害関係に求められ過ぎている。経済上の損得に疎い私は、時代遅れとして、コンピューター、携帯電話、デジタル・カメラにあまり興味がない。それでは、二十一世紀におけるコミュニケーターの資格が無いと学生が言うが、私は、それに反論している。このままでは日本人は、二十一世紀中頃には、人心の荒廃が進み、感性、情緒、美的感覚が欠如して、日本人としての「心の豊かさ」を失うのではないかと。この心配は、アメリカの知識人も同じである。戦争、戦争に駆り立てられたアメリカ市民は、アメリカ国家の使命に疑問を抱き、人間味豊かな生活を求め、文化伝承と情操教育を重視し、多くの文学作品を小学校から読む習慣をつけさせる運動を始めた。こうした活動を続ければ、今後、人間は偏見をなくし、思考を多様化し、価値観の普遍性を探求し、国際人として立派なコミュニケーターとなり、同時に良き世界市民の理解者となれるであろう。私は、この事を日本人学生に強く訴えたい。

（2003年10月12日南山大学英・米研究科大学生、大学院生、教職員を対象にした講演）

日本の教育とカリフォルニアの教育

サクラメント大学
教授　林ヶ谷　昭太郎（商・第４回卒）

この拙稿は去年の五月十四日若狭高等学校で特別講演したテキストを中心に書き上げたものであるが、講演では時間的にも言い尽せなかった事、又新しい資料で追加したくなった点等を加味して書いているので、講演を聞かれた人も聞かれなかった読者も一読していただければ幸いである。

直ちに本論に入り、総論として、一般にカリフォルニア州に於ける教育の目的は何なのかを考えてみよう。

カリフォルニア州における教育の目的は、日本の文教審の定義するように詳しく細かく書いていない。教育の目的は「州民を現代社会生活に適合するよう教育する」とだけ謳い、非常に抽象的、且つ大綱にもならない「目的」をかかげている。従って、この教育の目的を実行するためには、具体的に方針、綱領がないと実行しにくいように思われるが、実際の運営上は、こういう抽象的根本理念の方が実行し易いのである。ここでいうカリフォルニア州の教育とは、州立、市町村立の学校教育に限り、有名な私立の学校教育を述べているのではない。読者の中には、カリフォルニア州での教育の二十分の一は、私学によって支えられているのだから、私学教育を抜きに問題が論じられないと言われるかも知れません。然し、私学教育というと宗教、宗派、職業訓練等特殊な目的を持ち、その運営も大きく違ってくるだろうと思われがちであるが、教育理念に於ては大差なく、授業料が有償で高額であり、質に大差なく、P・T・A、教職員組合等の圧力が教育の過程にあるか、無いかの違いだけが異なる点であろう。

まず、教育の目的に「住民」を教育する事が何を意味するか考えなければならない。「住民」であるために、カリフォルニア州民であれば問題はないのである。他州から移ってきた米国市民、外国からの留学生、進出企業の家庭の子女等は、この教育基本原理からすれば、第二次的考慮で充分なのである。然し、実際は、不法入国者の子女も難民子弟も、義務教育にあっては無償で、一応誰れでも教育が受けられる事になっている。即ち、カリフォルニア州に住んでいれば、義務教育を受ける年代の子女は皆教育の機会均等が与えられると考えればよい。それだけ自由民主的な州である。

次に、むずかしい定義の「現代の社会生活に適応する教育」というクダリの「現代の社会生活」とは一体どういう内谷なのだろうか。現代社会は年々刻々と変化する。それは「進歩」といえる社会環境に適応できる教育を施し、現実生活を何不自由なく営むことができる知識、技術、環境、衛生、道徳、身体の育成等を総合的に教育とし、これらを育てつちかわせるのが教育である。従って、日本のように人間教育、人格、教養を高める教育等と高度の目的も抽象観念もいらず、又、教育は「国家百年の計」という長期的展望もない。これをもっと簡単に言えば「どうすれば日常生活に於て、法令を守り社会に奉仕し生活する能力と技術を与えるか」という低次元の教育内容になってくる。毎日の生活をスムーズに営む知識、技術、方法の基礎を与えてやるのが義務教育の原理である。この定義をもっと追求してみると、日進月歩発展し進歩する現代社会におくれない知識、技術、方法を絶えず身につけさせるのが、教育である。教育を与える学校、教師、教育委員の立場から見れば、教育は、国家、州、市町村の大きな義務である。又、反面、教育を受ける個人々からは、生存権の主たる権利で、個人の機会均等の基本的人権である。現実論として、日進月歩発展する科学、技術、産業等について行ける教育を授けることができず、教育の実体は常に時代遅れであることは免れない。然し、教育は生きるための「手段」を与えるものであるから、「生きた教育」、「実践教育」、「職業教育」等、現実生活に密着した効果的な教育内容でなければならない。

例えば、現実生活の技術進歩に、ソロバンが電卓、更にコンピューターとなり、ラジオはテレビ、ステレオ、ビデオと進歩。自転車はモーターサイタルから自家用車になり、海を越えるためには船から飛行機。モールス通信は電話、テレックスに発達し、衛星通信による国際間生中継で同じプログラムが太平洋の両沿岸で見られる。又、技術改革は更に進み、労働力がロボットによって補足される時代である。医学の進歩は、人工授精、人工心臓等人工的に応用活用できる部分は人工化しつつあり、精液銀行も商業ベースにのり始めている流動社会である。

これらの例で分かるように、技術革新に於ては、現代の教育は全く時代遅れで、時代の流れに追いつくこともできないであろう。では、科学や技術面で落後者になっている我々は、知識や教養の面から見た場合には、現代の教育はどうなのだろうか。時代錯誤に落ち入っていないだろうか。現実生活と教育の実体とに大きな隔たりがないだろうか。

私は、日本にいた六か月の間、マンガをよく読んでいる乗客に出合った。或る人は、ネクタイをきちんと締めた紳士であったり、又或る読者は大学生であったが、彼等は恥かしいよりも「時代の先端を行っている」という自負心を持っていた。「このようなマンガを読まない人は新しいアイデアもなく、人生の方向も定まっていない人が多い」と私に説明してくれたが、今もって、彼等の言いたい事がわからない。私達の学生時代にはマンガというものは子供のための娯楽本であって、成人の読むものではなかった。それが現在「マンガ天国日本」といわれる如く、あらゆる年代層、知識層のためのマンガがあり、マンガを通して、時代の動き、社会の断層を早く知り、現代人としての常識、教養を身につけさせようとする総合雑誌になりつつある。マンガは面白いし、読み易く、暇つぶしには手ごろな本であろう。又ある学者は、マンガでも読んでくれゝばいい方で、「本離れ」と言って、大学入学と同時に本を読まなくなる学生が多くなったと嘆いておられた。私は、電車の中でよく見かけた読書家は三十年前の読書家と違っていて、総合的知識の発達に遅れているのではないだろうかと思ったものである。この現象は教育の欠陥からであろうか。

知識の発達は頭脳の発達によく譬えられる。基礎知識は次の高度の知識を生み、脳の発達をうながす。又、知識の発達は「人間の知恵」として考えられる。知識の発達は、勉強や体験等日常生活の中から生れて来るものであって、五年や十年で完成するものではない。然し、中国の聖人の言う如く「吾七十にして未だ矩を越えず」と言う崇高な理想境を目ざす知識を現代社会は要求していない。人間の道の探究には、儒教学者の唱える人の道と宇宙の真理の追求があり、それに一生を捧げられる人は幸せである。我々凡人には、このような高次元の教育、知識よりももっと低い次元に於ける教育、教養で満足し、できるならば自分達が満足して生活できる教育を受け、知性を高め豊かな教養を身につけることができ、身心共健康で毎日を送りたいと願うものである。

ところが、このように現実的に教育を考えるとそれは教育の目的、いや理念に合致していないと言われる読者が多いと思う。昔からどこの国でも、教育はエリートの道具であった。教育は庶民の手の届かないものであって、崇高な理念、真摯な真理探究、聖人の如き徳義心を授けるものであった、然し現実は卓上の空論であって、それらのすばらしい教えを会得して実践に移せた者は、ほとんどいなかった。軍国主義教育がこれに輪をかけ、国民を戦争の大犠牲にしてしまった。戦前の教育は国民を洗脳し、戦争にかりたて、軍事指導者のロボットを育てるようになってしまった。そればかりではなく、人間として社会に生きる知識や技術も与えず、教育の崇高性と威光を説いたものである。要するに、教育は国民から遊離していたのである。

戦後の教育は、アメリカ占領政策の一環として、教育は国民の基本的人権にまで高められ、教育の機会均等は生存権につながる権利によって保護されている立派な教育に成長していった。然し、この戦後の教育も経済、政治、国際事情等で考え直されねばならなくなった。教育改革が昭和四十六年以後叫ばれ始めて久しいが未だ改革答申で終り、実質的にも改革が行われそうにない。その反対理由には色々あろうが、政治的理由を中心に教育の実体まで改革し、教育基本法を無視した教育を施し、戦前の修身教育の復活をねらっているのではないかと疑がわれる。国民のこの疑惑が解消されない限りいつまでたっても教育改革がなされない。この教育改革を「改悪」ときめつけ、憲法改悪と同次元で反対する文化人も入試問題、学閥問題、偏差値問題、先生の質の向上、職業教育の普及、テキスト検定問題等には関心を示し、改革しなければならないと主張するが、「戦後教育の見直し」という根本課題になるとさけて通りたいらしい。

教育改革の推進機関が中曽根首相直属になった去年の四月頃から教育基本法の精神にのっとって「戦後教育の見直し」をやる動きが活発になった。戦後教育の抜本的改革を唱える者は、教育の制度から見直そうとする。即ち、六・三・

三・四制はアメリカの借り物だからこの制度を変え、次に、日本の伝統に合った醇風美俗、孝徳心、人格教育の教育路線を打ち出し、日教組の改革も断行すべきだと。

私は以上の両極端な賛否論を支持する訳けにはいかないが、反対する事もできない。両方とも主張すべき根拠を持っている。例えば教育改革賛成論の六・三・三制の見直し等は、日本の現実からすれば、アメリカの借り物であろうがなかろうが、重要な事である。高校教育は義務教育化しつつあり、中学卒業の九〇％は高校に進学している。従って、高校を義務教育にして、無償で教育を施す事には大きな意義があろう。然し、問題は義務教育にすると貧困の家庭で中学卒業生の働き手を必要とする者は、義務教育の親の「義務」に触れ、子女を高校にやらない親は罰せられるという事になる。又、賛成派の意見で、日本の伝統に見合った教育の推進を行うならば、日本人の国際性が要求されている時代と大きく矛盾してくる。更に受験地獄の問題解決の一方法として行われている共通一次試験も、七百五十点ぐらいのところで全国の大学が二分され、有名大学と地方大学に分かれ（昔の帝国大学と駅弁大学と何ら変らない）、共通一次は受験生にとっては重荷で、大学側にとって有名無実化しつつある。大学や社会が学歴中心の階層構造から未だ脱し切れず、その構造を維持するよう努力しているのが現実である。日本人は学歴偏重主義を止め、また各大学で行っている学部別の入試を廃止し、大学全体も専門学部を基本編成とせず、教養課程を中心に行い、学部の変更は勿論、転校編入も容易にし、地方差をなくし、能力主義、開放性、多様性を加えた改革をやらない限り、下の学級の教育改革はできないであろう。何故なら、日本の教育の実体は受験勉強を本体として動いているからである。

日教組改革は教育改革をやる時点を利用して断行しても成功する訳けはない。教育改革は教育の根本提起であり、日教組は労働問題であって、抱き合せ解決ほど危険なものはないであろう。或る人は教育者の質の低下を日教組に全責任を負せようとして、この際、日教組の壊滅を断行しようとしているが、真の問題解決にはならないであろう。

この辺でカリフォルニア州の教育全体を述べ、日本の教育と比較検討してみよう。

カリフォルニア州の教育制度は地方分権主義で各都市の学校地区に実権が委ねられ、州は教育全体のガイドライン（基本政策）と財政面に於て各学校区域の運営をコントロールする。一九七五年以降、プロポジション十三号（不動産税軽減住民投票）が実施されてから各郡、市の固定資産税が減少したので、今まで、固定資産税の大半でまかなわれていた教育費が半減し、その結果、州の補助を仰がなければならず、完全独立の学校区域ではなくなった。それでもまだ、教育委員の選挙制、教科書の選定採用、教師の採用等地方自治の許される限り、地方分権化が維持されている。学年制は六・三・三制と六・二・四制とに大別され、中学校を二年生までとし、高校を四年間とする学校区域もあるが、大した違いもなく高校卒業までを義務教育としている。現在は幼稚園から義務教育が実施されているからＫスルー十二《ツェルブ》（kindergarden through 12 years）と言って十三年間の義務教育になった。二十才になっても高校を卒業できない者には、成人学校に通ったり、夏期補習授業を受けたりして卒業できる仕組みになっているが、高校落第者は十六％と高い。貧困地区の学校区域では二十五％もドロップアウトする。

この反面、義務教育で十三年も費さなくとも、各学年に「飛び級」が設けられ、又、試験制度があり、高校卒業適性検査に合格すれば、いつでも卒業証書がもらえる。やる気があり能力があればどんどん進級できる個人差教育制度を採用している。

授業日数は、年間一八五日と少ない。日本の二四五日間と比べて、年間にして六〇日間少ない登校日数である。これを日本の義務教育中学校まで計算すると五四〇日間日本人が多く登校している。しかも、日本の子は、学校が「楽しい」が八六％で、米国は五四％と低い。日本はこの登校日に「塾通い」をプラスすると一年間の中、ほとんどが「学校」という枠の中に閉じ込められている計算になる。

教える科目も日本は多く、必須科目も日本は絶対に多い。これではいけないとやっと重い腰をあげ出したのが、米国保守政権指導者で、「このままでは米国は二流の工業国となり、いずれは恐竜のように滅びてしまうだろう」と全米科学財団特別委員会副委員長であるＷ・コールマン氏が危機感をあおりたてている。その危機感を実証するかのように、国際学力評価協会（IAEEA）が世界二十か国の八年生及び十二年生に数学テストを実施し、去年の九月にその結果が発表されたところ、日本人生徒の数学力が平均してトップで、アメリカ人生徒が八年生でやや平均を上回ったが、十二年生は平均以下という結果が出た。これを詳しく調べてみると日本人学生は、数学、代数、幾何、統計、容積では最高点に達しているのに、アメリカは最低に近く、十二年生の微分、積分以前の数学として、集合と関係数体系、代数、幾何、初歩微分・積分、確率と統計、有限数学がすべて国際水準を下回った。

これが、去年の米国大統領選挙に反映して民主党候補のモンデールは「連邦政府が教育に責任を持ち、政府の教育予算を増やし、教員の給料を上げる必要がある」と主張すれば、レーガン大統領は「お金が唯一の解決策なら、事態はもっとよくなっている」と反論し、教師への給与は「能力に応じた待遇改善を」と主張し教育は金ばかりでは解決できないと反論した。そこへ、ギャロップ世論調査がまとめたものを発表し、「米教育の荒廃は親の責任」とし、教師は親に責任を転嫁し、又、親を対象とした調査では、今でも「規律の悪さ」が教育の荒廃の原因として先生に校内暴力、学力低下の原因があるとしている。

これらの激しい論争を契機に、学年の延長よりも授業日数の増加を採用し、カリフォルニア州では授業日数を五日延ばし、授業時間数を一日に三十分延長し、能力別待遇改善を一般給与ベースに織り込んだが、今後の実施にまだ疑問が残されている。

最近実施されたSAT（Scholastic Aptitude Test）の結果で、州平均が８％伸び、地域の公立学校に対する評価は、この八年間で最高となったが、まだまだ手放しで喜ぶ訳けにはいかない。カリフォルニア州は東南アジア系の難民十四万人、メキシコ系不法入国者百二十万、少数民族貧困者二百八十万人と教育上問題の多い要因を持っており、レーガン大統領の基本方針に従えば、教育は州、郡、市の責任でやるべきだからである。教育の州カリフォルニアは高校卒業生で大学に行く者は四九％と高い。これを受け入れるカリフォルニア州教育マスタープランはどうなっているのだろうか。

カリフォルニア州民で、高卒であれば、入れるコミューニティーカレッジがあり、これを一般に短期大学と呼び百六校。ここで、二年の一般教養を履修するか、職業訓練課程を選ぶか（例えば計理士、タイピスト、看護士、機械工等）に大別されるが、四年制の大学へ行きたい学生は、二年のA・A学位を得（或は得ずに）、転校し三年に編入できる。四年制の大学にはカリフォルニアステート・ユニバーシィーティ・シイステム（California state University System）と言われる十九校の大学があり、大きな都市に必ず一校ずつ設置され、このシステムでは修士号まで出す（学士号は勿論）。このCSUSの上にカリフォルニア大学システムがあり、有名なバークレー校、ロス・アンゼルス校、サンフランシスコ校があり、大学院大学と呼ばれ、博士課程に教育の中心が置かれている。

カリフォルニア州で最高の教育を受ける方法はいくつもあるが、秀才でなく金持ちでない者には、まず、近くの短期大学に入り、一般教養科目を全部履修し、その二年間にどの大学へ入るかを決めておいて、入学したい大学の学部の主要コースで編入しても認められる科目を良い成績（A－B）で沢山取っておく。その間、教授、牧師、裁判官、担任の先生等自分の人物、知識、能力の三つを評価して推薦状を書いてくれる二人を探さねばならない。アメリカでは推薦状を書く人は本人をよく知らないと書かないし、何か悪い事が起れば責任も追求される事があるからなかなか良い推薦状が書いてもらえず、担任の先生でも余り書きたがらないので、良い推薦状は本当に強力な援護射撃となる。

次に、大学の選択も大切であるが、自分は将来何になりたいのかよく見定めて、コースを履修しなければ遠回りになる。どの学部に入りたいかを決定して大学を選ばなければならない。例えば、文科系で経営学部に入学したい時は、経営学部で優秀な大学を二、三校申請しておく、大学の知名度、優劣、学費等は毎年発行される大学便覧を見たり、又、学生指導主事に聞いたりして情報を得ればよいが、大学へ直接出向き色々と必要事項を調べるのが一番よい。年に秋、春の入学許可がある。

入学試験はないが、大学のシステムによっては、入学も難しい。卒業はそれ以上に困難なのであるから、自分の能力、経済力もよく自覚して、無理のない大学・学部を選ぶべきである。そういう基本概念で、学部は、州立大学制の十九校の中で一番良い大学及び学部に編入し、そこで学部を卒業して、大学院へ。また同じ方法でカリフォルニア大学システムの中で二、三校申請してみる。在学中に学業成績の平均点が三・五以上あれば（四・〇は全優で三・五であると「良」が三、四個あっても可）一応入学できる筈である。大学院入学には、この良い成績の他にグラデューエート・テストを受け、その結果七〇％以上でないとU・Cシステムの大学院に入ることはむずかしいであろう。留学生は、これが免除される場合が多いし、TOFEL（留学生のための英語テスト）が五百七十点以上あれば入学が許可される。学士号のように一般教養科目を取らなくてよいので、修士号は取り易いと言われている。

優秀な高校卒業生は、最初から、カリフォルニア・ステート・ユニバーシティ・システムかカリフォルニア大学システムに入れる制度になっている。が成績が良くても全部入れるというものではない。SAT（Scholastic Aptitude Test）或は、ACT（The American College Test）を受け、（年に三回受けられる）そのどちらかの成績と高校時代の成績、内申書・課外活動や社会奉仕活動の報告（例えばクラブ活動教会奉仕等）、推薦状二通が必要であり、成績だけで合格するのではない。合格、不合格の査定は種々の基準と過去の学校の評価等も含れる。大学に学校から入学した学生の総合データーが保管してある（学校に対する評価も出身者名簿も詳しく統計化されている）。もし、母校愛があるならば、本人は、みだりに退学したり、悪い成績で放校されたりしないよう努力しなければならない。就職試験と似て、A高校から十八人入学したが、実際卒業した者は五人であった。来年は少し入学者を減らしてみようという具合に厳しい判定を受ける事になる。

私的になるが、私の母校である関西大学の出身者が、かってU・Cバークレー校に誰れも入学していなかった。入学許可係は、関西大学の名前さえ知らず、私は学部編入に非常に困ったものである。もう二十二年前の笑い話になるが、関西学院大学の学生は、学部入学の時に、ほとんどの履修科目を学部編入単位として認められたが、私は十三単位だけしか認められなかったので、学部は一年生からやり直しという結果になった。実は、そのお陰で、勉強に本腰を入れ、アメリカ人と同じ科目を履修し、大学院にも入り、今日の地位を築いたのである。私の卒業後、関西大学から三人留学しているが、未だ卒業した者は私以外にいないと聞く。残念なことである。

カリフォルニア大学システムは九校あるのだから、自分の能力にあった大学を選ぶよう心がけるべきである。信用ある大きな都市の高校で、卒業順位十番目だから必ずしも大学卒業まで続くというものではない。入学はやさしいが卒業がむずかしい仕組になっているアメリカでは、本当の勉強は大学から始まる。

教育の比重は大学にあって、日本のように高校にあるのではない。日本では、高校で、アメリカの大学の二年生位の力を持っていても有名大学に入れないのであるから、高校までの教育水準の高いのは世界一である。それで受験に合格すれば、少なくとも二年間は遊ぶという事になるだろうが、これは、本人は勿論、社会的にも大きな損失である。

機会均等が強調され、自由、個人主義が主張されている社会では能力主義が貫かれ、個人の努力は競争に適合したものでなければならない。従って、大学生は勿論、高校生も、次の競争、もっと困難な競争に挑戦し打ち勝つ努力をいつも発揮しなければならない。

ここで卒業と大学教育を考えてみよう。

サクラメント州立大学に入学する者は、入学と同時に適性テストを受ける。国語、数学、外国語の分野に分かれ、その成績によってクラス編成がなされる。ほとんどの高校でもやっているが、これをプレスメントテストと言って、各級毎に進級する形を採り、例えば国語の試験に合格しなければ、合格するまで、卒業できない。これは、留学生に大きな負担である。今年から、大学院学生も国語テストに合格していなければ卒業できないから、留学生の英語力は普通ではだめで、特に作文力をつける必要があろう。一般卒業には第二外国語は必須ではない。然し、実際には選択科目の一番大切な学科になっている。特に経営学部や国際関係論では外国語をC以上二年間履修しなければ卒業できない。学部によって卒業必須科目が異なるが、一般教養課程での「つまずき」が起りやすく問題を残す。即ち、入学後二年間は、一般教養を履習しながら、学部の選択をし、猛勉強をやらなければついていけない制度である。だから、最初に述べた如く短期大学からスタートし、積み重ね式に勉強した方が得。卒業単位は一応一二四単位となっているが、それでは足らず、四年間で卒業する学生は十分の一位しかおらない。途中で学部を替えると一年はおくれる。へたな科目の選択をすると一学期はおそくなる。

経済的理由でおくれる学生も多い。U・Cシステムの大学では食費、アパート代、授業料、本代等を合算して一人年間六千ドル必要である（留学生は一万二千ドル）。私の家庭では、長男、次男（二人とも工学部。秋学期から娘、英理が入学予定で三人目）が在学生なので、奨学金がもらえなければ、親の月給では足りない。

学期中は研究室で働く以外は（一週間に十五時間）沢山仕事をすれば成績が悪くなる。悪くなれば奨学金が取消されるという具合に家の財政理由で一時休学したりする者が多い。アメリカでは、大学教育は自分でするものであるという考えが強かった。私の場合には、夫妻共働きで何んとかできたが今はそう簡単にはゆかない。勿論、学部によるのだが、アルバイトをしている学生は、卒業を延ばしたり、退学したりする者が多い。或る者は、六年や七年もかゝり、早い者は三年で卒業する。卒業後も就職先で仕事が面白くなくなったり、解雇されたりするともう一度大学に入学し、大学院に入ったり資格試験の学科を再履修したり、学部を完全に替えたりする。大学への復帰も編入と同じ位容易である。或る者は、定年退職して大学に復帰している。我々の大学システムの授業料は少しやすく年間千四百ドルから千六百ドル位で（留学生は四千五百ドル）ある。

学校の教員や政府の職員が、朝七時から夜の十時、土曜日のクラスと自分達の就業時間に合せて時間割が組めるようになっていて、日本の大学のように夜間部を二部とする必要がない。従って学生の平均年令は二七・八才と高い。

時間割等の自由編成の外に、成人学校、夏期講座、セミナー等特殊学級もあり、多様性に富んだ総合的プログラムを持っている。

今まで述べてきたものを要約すると、カリフォルニアでは教育の多様性、多角性、柔軟性、公開性、自由能力性が特徴で、自分に「やる気」があればどんどん勉強できるようになっている。「勉強」とは能力を伸すこと、即ち資格や免許をとることにつながり、収入につながる生活力を言うのが現実である。従って、日本の最高学府が標榜する深遠な学問の探求ではない。これは博士課程を修了した者が一生やり通せるものであって、大学や研究機関に就職しない限りむずかしいであろう。

日本の教育は、大学受験に焦点があり、名門大学に入学する事が教育の目標になっている。それには、教育制度にも問題はあるが、有名大学卒業生だけを受け入れたい大企業、官庁側の姿勢にも大いに責任がある。就職の保障がある有名大学に親が子弟を入学させたいのは当然である。「親ばか」であろうが「教育ママ」と言われようが、親のできる限りの投資を子供の教育にするのは日本人の本能になりつつある。資源が乏しく狭い土地で豊かにあるものは人間資源だけであって、人間の技術と頭脳を成長させる以外に生きる手段のない国では、教育は国家政策の一番大切なものである。

「企業は、今生き残り競争の中で、創造性豊かな人材を求めている。知識を偏重する現在の画一的な教育を改めるには学制改革を避けて通れない」と経済同友会教育問題委員会委員長石井公一郎の言葉。この思潮を受けて、現政府は臨時教育審議会を通じて、「戦後教育の見直し」を目標に掲げた。「戦後教育は人間として成長する基本型を欠いている」と決めつけ、「儒教と仏教の道徳律が否定され」、六・三・三制は「個人主義だけの教育」をしており、「外国から借りてきた花」のようなもので、「日本の土壌に根ざしたものではない」と断定している。更に、「日本の教育は精神文化や伝統の上に立った教育でなければ長続きはしない」等と極論している。確かに教育の現状は、受験地獄、偏差値教育、校内暴力、非行、性の氾濫等臨床的問題が山積し出した。然し、これらの問題は教育を改革しただけで、直せるものではない。又、日教組を批難しただけで解決されるものでもない。教育者は言うに及ばず、経済人、政治家も自分達の身近な悪の根源を直視し、それをつみとらなければならない。今日では、教育とは知識の集結ではなく「実践だ」とするとその手本を自ら示さなければならないであろう。

最近、文部省が発表した「個人差教育」推進の手引書も、二四の事例にすぎず、「画一的、一斉教育の見直し」を試みているが、個人差教育の長・短の理解に欠けている感じがする。事例集は、「個人差を学力」だけでなく、「学習速度」「興味」など総合的にとらえている。そしてこの教育推進の支えに、クラスの雰囲気、教師と生徒の信頼関係の確立が要ると指摘しているが、もっと大切な地域社会や父兄の受け入れ態勢、抱擁力等の分析が足りない。日本では、近隣の社会、生活環境、友人関係等を無視して教育が行われにくいから、もっと根本的な問題をも見直すべきであろう。文部省の主眼は、落ちこぼれ対策と児童の可能性を伸ばす二つの目的を持っていて良い試みである。然し、これを中途半端にやれば空中分解するであろう。

最後に、教育は誰れの為めのものかという素朴な質問を考えてみよう。義務教育は言うに及ばず大学教育も含めて、教育から得た便益は、最終的に個人に還元されていく。社会主義国家でない限り個人の資産であり、個人の収穫である。然し、教育から得た知識、能力、技術を社会にも還元しなければ、現代人たるモラルに反するであろう。それを一企業にだけ、一グループにだけ還元するのであっては、教育の社会的価値を満たさない。又、個人が修得した教育を個人の努力と自由意志で国家のために使うのも国際人としての努めであろう。

現代国際社会では、どれほど有能な国際文化人を必要としているか数的には知られていないが本当に不足しているのである。日本の経済人が言う国際人は、エコノミック・アニマル的ビジネスマンを言ったり、伝統に築かれた商社マンを例にあげているが、それは本当の国際人ではない。国際人たろうとする者は、日本だけの教育では足りないし、外国留学三、四年でも満足すべきではない。松下幸之助氏が将来の日本の指導者養成のため「松下塾」なるものを創立し、現行教育制度に挑戦されているが、清涼飲料水的要素こそあれ日本教育全体に良い影響を及ぼすものではない。日本の教育はヨーロッパや米国と違い特殊な歴史、社会、国家的要素を持ち合せている。教育は産業、企業化しすぎているのは、日本が直面している特殊事情によるもので、これも日本の急激な工業化による大きなツケである。日本の教育は、欧米の例を真似る必要もなく、モデルとできない社会、教育事情にある。日本の教育制度の改革は、制度の改革も大切であるが、もっと根元的な「教育に対する考え」の改革でなければならない。まず、それには、教育の庶民性、普遍性、継続性、多様性、公開性、公共性、自由性、機会均等性などを考慮することだ。その中でこそ、個人の能力、技術、知識、意欲等を発揮できる「場」が自ら造られて行くであろう。

制度の改革も、小、中、高、大と抜本的な改革を一度にやらなければならない。それは不可能であろうから、まず、大学の改革、次に、高校教育という順序で七年計画でやってみてはどうだろうか。これには、各個人は、自分に合った教育（家庭教育を含め）と社会に合った教育の自覚と認識が必要である。教育の一段階を過ぎれば、次の段階がどんどん開けて行く希望と道がなければならない。入学も卒業も一年に二回あってもいいだろう。卒業後も大学に復帰する簡易な方法であってもいいではないか。名門大学を地方に移転させるのも良い案ではないだろうか。これらを実行するためには、教育の既成観念をまずぬぐいさらねばならないであろう。教育はもはやエリート社会の「とりで」ではない。人間の生きる手段である。男も女も、貧者も富者も社会人として生きるためには義務教育は受けなければならない。人間の生存権を塾産業に委ねねばならない教育内容や制度では二十一世紀の日本の進路は決して明るいと言えないであろう。

（若狭高校商業科雑誌第33号昭和60年3月8日）

特別寄稿　日米安保条約と沖縄県民の怒り

米国サクラメント大学教授
林ヶ谷　昭太郎

日米安保条約と沖縄県民の怒り

一小学校の女子暴行事件で日・米関係はこれほど悪化したのは何故だろうか。日・米安保条約に起因する（1）沖縄米軍基地、（2）日・米安全保障協定に関連する地位協定、（3）沖縄知事代理署名拒否に対する村山元首相基地使用提訟、（4）基地の整理・縮小、（5）アジア諸国に於ける安全保障問題の再検討などを考えてみよう。結論を言えば、諸問題の原点は明瞭であり、「大和民族」に「ウチナーンチュ（琉球人）」が歴史上蔑視と差別、過酷な犠牲を強いられ続けた県民の怒りの中に見出される。

私は、カリフォルニア大学サン・フランシスコ校大学院の修士論文で、「沖縄返還と米国占領政策の分析」と題し、二三二頁にもなる論文を書いた。修士号論文を書き上げるのに約一年。沖縄出身者のインタビュー、質問書によるアンケートを第一資料として一九七〇年六月に完成した。沖縄領土の日本返還は、一九七二年五月であったから、沖縄の基地問題に早くから大きな関心と問題意識を持ち、ずっと勉強し続けてきた。二年前の六月二十三日には、「沖縄戦集結記念日」に招待され、沖縄県知事との対談、沖縄激戦地の生存者の声を聞き、色々資料を集め廻った。マス・メディア学会の出席もあったが、一箇所に三泊四日の旅行は、自分でも不思議な程、長い滞在で、色々な人と語り合えた。琉球大農学部大城政一教授の案内で、沖縄の「首里城」から「ひめゆりの塔」等残酷な激戦地を見て、広島と長崎の原爆犠牲者以上の大きいショックを受け、涙がこぼれても拭かないでいた。沖縄戦争犠牲者と泣き続け私の本心を伝えたかったからである。激戦地で祖国の為に死んだ女子看護婦が中学生で、戦争の残虐性をしっかりと教えてくれた。

沖縄人の歴史を振り返ってみると、日本人からの人種差別、弾圧が繰り返され、人権問題が叫ばれていても、犬の遠吠えとして無視され続けた。これはアメリカインディアン（先住民）の歴史によく似ていて、民族学を講義する者の必須研究テーマである。琉球大学での講演は「クリントン政権の日本叩き」で、沖縄基地問題にも多くふれ、「沖縄の嵐し」を予感していた。

まず、沖縄の歴史を独立王国時代の琉球の歴史から紐解いてみよう。琉球王国は一六〇九年に九州薩摩藩に占有され、王国が中国より薩摩の強い影響を受け、明治維新後、一八七九年から日本国領土の一部にされた。これまでは、琉球王国は中国、特に台湾、福建省と交易があり、密接な交流を持っていた。文化、言語、習慣等は独自のもので、高い文明を持ち誇り高き琉球が日本に吸収合併される迄、実に多くの争いや衝突があったが、琉球人の声はいつも無視され、文化、言語、風俗までも統一させられた。一九〇九年には県が置かれ、政治と教育が本土と同じ制度に替えられたが、市民権や参政権が付与されたのは三年後であった。簡単に言えば、沖縄人の歴史は人種偏見に基づく差別、屈辱と犠牲の歴史で戦前、戦後を通して余り変わっていない。

戦前の大犠牲は言うまでもなく本土防衛戦の二十万人有余の戦死である。一か月に及ぶ玉砕戦は人間の想像に絶する。日本人の多くは六月二十三日の「沖縄戦終結の日」を余り知らない。広島・長崎の原爆投下と終戦記念日は大きなマス・メディアによって世界に報道されるが、「沖縄戦終結の日」は大きく取り上げられない。

戦後は、安保条約と抱き合わせに沖縄を切り捨ててしまった。日本独立の為に沖縄が見捨てられ、今度はアメリカの隷属国として、政治、経済、教育、交通など全組織が制度上米国方式に変わり、英語が公用語になった。四分の一世紀以上に亘るアメリカの統治で、別の差別と犠牲の生活が続いた。昭和天皇も口先では、沖縄県民に謝罪らしき声明を出されたが、現地の土を踏まれたことが一度もなかった。現天皇が訪問されたのは国体の式典に天皇名代としてであって、戦争責任を感じられた本当の謝罪とお悔やみではなかった。

沖縄人のインタビューでは、「何故、昭和天皇が沖縄に来られなかったのか分からない。戦争責任は逃れても、県民の極限の犠牲を黙殺できない筈である。人間の心があれば、県民に会い一言哀悼の言葉をくださってもよかったのではないか？」と。昭和天皇の心残りは「沖縄に行けなかったこと」となっているが、それは本土と沖縄県の地理的距離から来たのか、精神的な県民軽視からだったのか？。これも、天皇の訪沖を渋った皇室側近の責任だけで片づく問題ではない。日本人全体の潜在意識にある偏見と見下しである。

昨年の秋、当時の防衛施設庁長官、宝珠山昇の暴言のように「沖縄県民は基地と共生・共存をしなければ生きられない」という発言は、県民の反発を買い、米軍人少女暴行事件で大きな火をつけてしまった。それと同じく、社会党本部の安保調査会が示した沖縄米軍基地問題の基本構想に関し、「沖縄県本部への一言の連絡もなかったのは納得できない」との抗議である。村山元首相の方向転換で主義主張もない無責任な対応がこじれ、話し合いも充分にせず、首相が基地強制使用の提訴を行い、裁判上の解決を求めた。この裁判の結果が初めから分かっている。「強制使用は違憲」との主張が通らないのも承知で口頭弁論をする県側の主張には、「相手は日本ではなくアメリカだ」という意気込みがある。

ドイツ、イタリア、韓国も沖縄と同じような問題を抱え、国民の反米感情をあおっている。そのような反米感情に油をそそいだのは、河野外相の発言、「日米基地問題に変化はない」とマイヤーズ元司令官の「車を借りられる金があれば、女が買えた筈だ」の二つの暴言である。河野洋平外相は失言とは思っていなく、アメリカ政府との関係修復を考えて「沖縄を無視したまでだ」と言っても大きな問題にならなかった。沖縄基地固定化が本音だったからだ。しかし、村山首相を辞職に追いやり、沖縄県民を「捨て石」とした。マイヤーズ司令官を即時辞職させ、クリントン大統領の記者会見では県民に対する謝罪が、二度に亘った。最初は十二才の少女被害者とその家族に対し、二度目は暴言をはいた軍人指導者の道徳感の低下であった。大統領の謝罪声明もめずらしいが、アメリカ大使、マンデル氏の早期謝罪も異例であった。この声明が黒人社会の反発を増長し、「判決があるまで無罪」である司法原理を逸脱したものだとし、「黒人差別と取扱は敵国で行われている」とNAACPの指導者の発言。それで加害者の家族の謝罪があるまで、日米関係は全く険悪な状態が続きそうだった。米国軍人によるレイプ、暴行事件が年間、百件位ある。その中で九七％位が泣き寝入りか示談。裁判にしたくても米国人保護の地位協定があるため日本の警察権が通用しない。犯人引渡が難しく、日・米関係を損なう恐れからよい場合で示談解決。在日米軍基地の七五％が小さい島、沖縄に集中し、沖縄領土の五分の一が米国基地で、アメリカ人の日本人軽視が甚だしい。又、今日まで犯罪が認容されてきたので、今度の少女強姦事件はアメリカ人にとっても大きいショックである。加害者三人の家族が訪日前、アトランタで記者会見し、「黒人兵であるため強制白状させられ、彼等を日本に引渡し、陪審制のない日本、特に沖縄では裁判の公平が得られない」等と。黒人社会では三人を弁護する団体を作り、募金運動をやっている。全米自由民権団体の弁護士がその家族、妻に随行してきた。法定審理中、犯罪の残忍性証言に耐えられず泣きくずれた女性通訳官を見て、米国人も事件の深刻さにびっくり。審理中断のテレビ放映を見ていた私も被害者に大きく同情し、基地存在の「犠牲者」だと考えずにはいられなかった。沖縄での裁判は、「公平な裁判を受ける権利を犯す」と言って抗弁手続きを取った弁護士は、沖縄県民の怒りを恐れているよりも、陪審制で一番大切なパブリシティーがない土地でやる戦術を取り日米関係の政治掛け引きに利用しだした。

沖縄住民の約一割（八万五千人）が十月二十二日に参加した県民大会をテレビで見た。約九割が大田知事の「代理署名拒否」に賛成している。この圧倒的な県民世論と少女暴行事件の裁判とは別々に処理されなければならないが、日米安保条約の廃棄かその条約の大改定で基地整理・縮小をやらない限り、暴行事件等はいつか起こり得る要因を持っている。女性海兵隊が路上の親子三人を車でひき殺す事件が起きた。

冷戦終結後の日米安保条約を考える時、この事故死等も条約が結ばれた歴史上、政治的、軍事的変遷の中でとらえてみなければならない。

日米安保体制の目的は何であったか

（1）、アジア共産主義国家（ソ連、中共、北朝鮮、北ベトナム）の封じ込め政策のため、（2）、日本の軍事大国化の阻止、（3）、米国の極東に於ける権益（経済、軍事、政治上）の保全、(4)、日本防衛の目的であった。日本が独立した平和条約（一九五二年）の附帯事項が、日米安全保障条約である。朝鮮動乱時代には冷戦の脅威は確かにあり、ソ連（現在ロシア）は勿論、中共も日本を敵国視し、熱い戦争に巻き込む可能性があった。その可能性は、日本が日米条約に基づいて反ソ連、反中共活動をするので起こる冷戦の脅威であった。一九六〇年安保改定反対運動は「米国追随」、「米国一辺倒」を是正し、真の独立国家としてアジア近隣と平和外交をやる理念にあったが成功しなかった。一九六五年から始まったベトナム戦争で「熱い戦争」に巻き込まれる可能性もあったが、米国の軍事活動を全面的に支援し、軍需景気をもたらし、日本経済復興の第二の土台を築いた。ベトナム景気がその後の神武景気を生み、日本は日米安保条約下で経済発展を驚異的に成し遂げたので、「戦争便乗国家」と悪口を言われだした。本土経済の大繁栄と米軍基地を提供し「縁の下の力持ち」として大きく貢献した沖縄は、日米の国益保全の足場でしかなかった。ベトナム戦争が激化しだした一九六九年頃から「安保タダ乗り論」がアメリカ経済界に浸透して、「日本叩き」が始まった。

ベトナム戦争終結後の一九七五年から、また新たな冷戦脅威が起こり、極東の危機が叫ばれた。ソ連のICBM（大陸間弾頭ミサイル）の実験成功、宇宙開発の大進歩につれ、中国も核実験をやり、中距離ミサイル核弾頭が日本を標的にして、米国とベトナムを牽制しだした。それ故「有事の時」の日本防衛が検討され、一九七〇年の安保条約改定でも極東の政治情勢から日米安保条約を追認したのだ。

このように日本経済の復興とアジア諸国の民主主義発展に寄与してきた安保条約の不人気の原因は何だろうか。

日米安保条約の体制に問題があるのか、それともその履行に問題があるのだろうか。

両方に大きな問題がある。今度も安保体制が余り真剣に議論されない前に少女暴行事件が起き、結果としてこの事件が安保論議の起爆剤となった。この安保体制の原点にかえれば、「押し付け」の条約で、米国追随の象徴的体質を持っている。基地保全、駐留米国軍の排他的特権の保障や米国人犯罪者の引渡し条項を正しく読むと治外法権的内容の条約である。土地こそ没収されていないが、米国軍の軍事行為以外もアメリカ司令官の最終意思決定に委ねられる独占的権限行使で、日米防衛相互の安保条約ではない。

次によく誤解されているのは、日本がドイツやイタリアのように国境を境に敵はいるのではなく、「有事の時」の防衛は自衛隊がする体制にあって、安保条約下の軍事行動は第二次的手段である。核兵器が使えない現実でこの安保条約の本体をもう少し掘り下げて考えてみれば、日本防衛が第二次的であって、アメリカの国益、即ちアジアでの軍事行動の自由活動を保障する為の条約である。それは過去に於いては危険であったが、得をしたのが日本で、その経済的利益も沖縄人の大犠牲のお陰であった。その犠牲が過酷すぎてもう我慢ができないと言うのが沖縄県民の本音である。何故、アメリカの為に、又、本土日本の為に我々沖縄人が屈辱と犠牲を払わなければならないのか再検討をしてくれと言うのが沖縄人の大きな世論である。

フィリピンは真の独立の為、百年以上に亘る米軍基地を撤去した。これには大きな勇気と国民の団結行動が必要であった。基地保有は悪をもたらし善をないがしろにした。政治、軍事、経済で貧困の国がその時代の盟主、アメリカの政策に見切りをつけ、自国の誇りを回復し政治家の利権を排除した。その米軍基地の代替に沖縄が使われている。ここにも大きな疑問の声を現地沖縄で聞いた。それで、日米安保再定義の会議で、村山首相と大田知事が根本的問題解決の糸口を模索したが、結論が出なかった。村山政権の「最後の手」は沖縄知事を強制的に代理署名させる提訴であったが、これも逆効果になり、県民の大同団結をもたらし、首相辞任の原因にもなった。「人新一心」と言うのが建前で、社会党の主義主張を自民党に売ったのが現実である。自民党のカイライ政権が五百五十五日以上も続いたのもおかしく、本土にいる日本人が官僚政治の失策を唯、無関心でいられるのも非常に不思議である。

ソビエト連邦が消滅して三年半、米中関係はギクシャクしていても冷戦の悪感情と人権問題が主で、貿易や経済的利害上、アメリカが三回も譲歩し、冷戦の脅威は見えない。台湾政府大統領と副大統領のビザ発行でこじれているが、アメリカの「一つの中国」という外交政策に変化がない。中国も経済的理由でアメリカに盾突くが、戦争できる軍事力がない。米・越関係は想像以上にスムーズだ。中国包囲論は米・越・ロの綱渡りと言われる程危険だと言うのがアメリカのマス・メディアである。私はその考えは、ベトナム後遺症と思う。私が教えた中国人、ベトナム人がUターンをして、現地の情報を知らせてくれるし、我々の大学とホーチンミン大学との提携から学者の交流もあり、米・越関係の悪化は考えられない。北朝鮮の核武装も下火になり、食料危機の切り抜けが国家存命を左右する。南北朝鮮の対話も続けられており、北朝鮮のあばれん坊的行動も目的遂行のゼスチャーであって手段ではない。目的完遂の強行手段を選べないのが現実で、世界中ではアメリカだけができる国だ。

今日、極東に於ける政治、軍事、経済実状を考えると戦争の引き金となるものがない。そうすると日米安保の存在意義が変質して、日本と極東アジアの防衛ではなく、(1)、経済大国で軍事大国になれる日本の力を阻止すること、(2)、日本とアジア大国たる中国との防衛ラインを阻害すること、(3)、アジアに於ける米国権益の保全の三つに要約される。中国が占拠した南支那海のスプラトリー、南沙油田開発でマレーシア、ベトナム、フィリピンの三国が競っているが、アメリカの石油会社がかんでいるため戦争の危険性が少ない。アジアに於ける軍事的脅威は、インドとパキスタンであるとすれば、日本の軍事基地では遠すぎる。シンガポールかニュージーランドが最適であるが前者は空・海軍だけに限定して、基地契約をしているが、後者は軍事基地提供はしていない。オーストラリアはアメリカの核装備軍艦の寄港に反対してから米豪関係はうまくいっていない。残る国は遠くても日本の沖縄である。

去年の二月、米国国防省が第三次「東アジア安全保障戦略構想」を発表した。その中で「日米関係はアメリカの太平洋保障政策とグローバルな戦略目標実施の基礎」であると言っているが、アジア政策もなくアジアに関するコミットメントもない。ヨーロッパ、ボスニア、イスラエル問題で点数稼ぎをしなければ、今年も大統領選は危ない。アジア問題は「票」にならない外交問題であるからだ。

保守主義の奇童—「あばれん坊」のギングリッジ連邦下院議長は、東アジア安保条約の全面的見直しを主張し、在日、在韓米軍を今後、三・四年で撤退させた方がよいと発表した。これは米国の基地経費負担がまだ重いからではなく不必要であるからだと言う。即ち、「東アジア諸国は安定し、戦争の危険性がない」と。仮りに、ギングリッジ下院議長の発言が正しいとすれば東アジア政策に関する現政権の不透明さは、度々、起こる経済、貿易摩擦と大いに関係し、アメリカのアジアに於けるリーダーシップ、即ち第二次大戦前からのアメリカの存在以外何ら考えられる理由がない。アペック会議、アセアン会議、アジア銀行、太平洋沿岸諸国会議に於いてアメリカがリーダーシップを取ることに不満を持つインドネシア大統領の言葉を借りれば、現在、「アメリカはアジアのタンコブ」である。

経済の国際化が進み、アジア地域の経済的比重がヨーロッパやラテン諸国より大きくなる二十一世紀時代に日米安保条約を軍事面から見ること自体不自然である。経費、人的、精神面に於いても犠牲の多い日米安保条約の廃止、整理・縮小は歴史的推移である。日米友好条約に変えるべきである。ハワイ知事は日本の米軍基地を受け入れる声明を出した。米軍基地調整が難航している時、新政権橋本内閣の英断を期待し、沖縄人の犠牲を早く取り除く政策を出すべきである。基地の土地所有者で組織されている団体が基地の撤廃に反対している。然し、その反対は即時撤去されると基地収入で生活している者の死活問題にかかるのである。逐次整理・縮小し、見返りに、経済資金援助等をすれば理解してくれるだろう。住専問題処理に巨額の税金を使う政府から見て、出来ない問題ではないであろう。

平成八年一月十一日

(若狭高校商業科雑誌第44号平成8年3月2日)

Two Antagonistic Ways of Thinking between Americans and Japanese

S. F. Hayashigatani

「アメリカ人と日本人の間の相反する思考法」

(邦訳大意――吉村利昭先生)

異なった文化が異なった文明を作ると同じように，異なった思考法は異なった精神を作る。文化は人間の思考法の基盤となる。アメリカ人の思考法はヨーロッパ人の思考法とは異なっているが，アメリカ文化はヨーロッパの長い伝統を汲んでいるのであるから，そのちがいは西洋と東洋とのちがいほどではない。日本人の思考法は東洋的と言える。しかしながら，日本の文化は一応東洋文化に属するが，日本は他のどの国も経験したことのない独特なものを持っている。日本の文化は一面ではヨーロッパやアメリカの文化の影響を受け，他面では東洋的世界観や行動様式を持っている。日本は哲学においても歴史においても科学においても独特のものを持っているのである。日本人の思考法は明治維新後と第二次世界大戦後大きく変った。ある点においてはアメリカ人の考え方に近くなり，ある点では中国人よりも東洋的になっている。

アメリカ人の思考法は一般に次のような言葉で表現される。個人主義，論理的，合理主義，実用主義，開拓精神，科学的精神，物質主義，進歩主義，一神論。同様に日本人の思考法は次のように表現される。感覚主義，保守主義，公共倫理，非合理主義，非論理的，自然主義，中世主義，仏教・儒教に基づく汎神論。これらの思考法の本質的要素を比較するとあまりにもそのちがいが大きく，二つを調和的に統合することはできないように思える。

ヨーロッパ文化は18世紀後半，19世紀に日本に大きな影響を及ぼした。これはアメリカにおいても同様であった。しかしその受け入れ方は全く異なっていた。それはアメリカの個人主義的観点と日本の公共倫理的観点，自然に対する態度，権力に対する態度などの点で異なっていたのである。アメリカでは他の文化を取り入れることに対して自由で開放的であった。近代主義はフロンティア精神によって高められ，物質主義，実用主義と言った考え方が生じて来た。

宗教については，仏教とキリスト教との間に明確な差異がある。キリスト教的な考え方から合理性，論理性，科学的精神等が生じて来る。仏教的な考え方には実用主義的，理性的，自主的な思考法は存在せず，その教理は神に対する献身であり，無我の考え方をとるのである。

歴史的に見ると，日本の，他の文化の摂取はアメリカのそれと似ているが，アメリカのように自由で開放的な精神で受け入れることができなかった。既成の伝統が破壊されるのを怖れたのである。明治維新後，このような態度で日本の指導者達はヨーロッパ文化を取り入れた。そして日本の近代化が急速に行われた。しかしこの近代化があまりにも急速であったために，民主主義のようにヨーロッパ文明の不消化に終ったり，誤解が生じたり，新旧の対立が起ったりして，そこから新しい考え方が生れて来た。

このようにアメリカと日本の間は歴史，宗教，哲学，科学等文化的背景の全ゆる点で異なった過程をたどって来ており，その思考法は前述のような言葉で表現されるようになっているのである。

この二つの思考法が，統一のために容易に妥協することは危険であるが，一つに統合できることが望ましい。そのためにはアメリカ人と日本人がこの統一の必要性と重要性をよく理解しなければならない。現在の二国間の状態から考えればこの統合は必ず可能となる。二国の間は産業的接触と同時に文化的接触も多くなり，教育の高度化による言語の障害も少なくなり，人物・文化のもっとより自由な交流をするようになる。そしてそれが可能になるのである。その実現のために，二つの異なった思想のそれぞれの性格を考えたり，日本にある近代的，封建的と言ったような平行する考え方を打破したり，アメリカ人が東洋の文化，伝統をもっとよく知る努力をすると言ったようなことが是非とも必要である。

このようにして，二つの最も友交的な国家間に横たわる相反する思考法は調和的に一つのものになるであろう。

この英文は林ヶ谷昭太郎君が，本誌のため特に寄稿して下さったものです。

同君は，本校商業科第４回卒業生。関西大学法学部卒業，昭和39年ロックフェラー財団の奨学資金をうけて国際政治学研究のため，アメリカのカリフォルニヤ大学に留学。

目下，同大学の博士課程に籍をおき，助教授として外交論などを講じておられます。

この論文は，1968年11月，カリフォルニヤ大学主催の日米学生会議で行われた講演論文です。

紙面の都合で約３分の１ほどを割愛させていただきましたことを筆者並びに

読者の皆様にお断りいたします。

なお，英語科の吉村利昭先生にお願いして要旨を邦文で書いていただきました。先生のご尽力に対し厚く感謝いたします。　（吉田正喜）

As different cultures create different civilizations, different ways of thinking create different minds in man. Culture is thus not only the basic barometer of civilization, but also the fundamental factor in knowing the people and history of other nations. Culture is the basis for a way of thinking in people. The American way of thinking differs from the European, but the difference is not as grave as that of Eastern and Western philosophy. The American culture has a similar basis in the long cultural tradition of Western Europe. In the same way, Japanese culture can be traced back to the old culture of China and India which is generally compared to Occidental culture. Japanese culture, in this classification, belongs to Oriental culture, but it has a more unique civilization and culture than any other nation has experienced. It has a strong influence from Western and American cultures and science in one aspect of civilization and way of thinking, and in another, it consists of more Oriental philosophy and behavior. Some Asian philosopher once said that the Japanese are very strange creatures which do not belong to any main stream of civilization in the world. Japan is unique in philosophy, history, geography, race, language, culture, and science. It is very unique in its way of thinking, particularly. Japanese philosophy is not strictly Western or Oriental. Mr. Northrop's interpretation that the West is characterized by "concepts by postulation", and the East, by "concepts of intuition" is not fully applicable to Japanese thinking.

The Japanese way of thinking has changed greatly since the Meiji Restoration of 1868, and particularly so after World War II. It has come closer to the way of thinking of the Americans in some respects. But in other respects, it is still more typically Oriental than even the Chinese. This is partly due to the great Western cultural influence over Japan, and it is also partly due to the technological development which was brought by the Americans after the War. The view that the Japanese are more Oriental than Asian peoples is as follows: the Buddhism and Confucianism that spread over the Asian nations flourished in Japan, and their philosophy made deep roots in cultural achievements.

The major purposes of this article are not to point out the fundamental differences between American and Japanese thought, but also to attempt to find some harmonious solutions in understanding the cultures and ways of thinking of both countries. To do so, we must, first of all, see what are the different points and how different are they, and clarify these questions by tracing back to the original cultural backgrounds of each nation. The following is a list of dissimilarities and similarities among Japanese and American thinking. Though we are going to discuss more clearly the major differences, let us look at the lists briefly.

American ways of thinking are generally based upon these terms: Modernism; Individualism; Logic; Rationalism; Idealism; Pragmatism; Positivism; Liberalism; Instrumentalism; Functionalism; Non-authoritarianism; Progressivism; Frontier Spirit; Formality; Regularity; Monotheism and Scientific minds based Christian thoughts and materialism, as well as a strong trust in testing and proving; while the Japanese are: Sensitivism; Conservatism; Communal ethics; Irrationalism; Illogic; Naturalism; Static ideas; Medievalism; Pantheism based on the Buddhistic and Zen Confucian thinkings. Comparing these two opposed characteristics and essential elements of thinking, we will have a tendency to quickly conclude that there are no similarities and no hope to harmonize the two in order to synthesize two leading world philosophies.

Western culture has had much influence over the late 18th and 19th centuries in Japan. It was the same in America. But man's thoughts and behavior toward life are completely different in the two nations. There are entirely different spiritual heritages. Most of the fundamental differences and distinctions come from this fact. Many peoples, therefore, believe that the two cultures can never meet, and that there is no contact to face problems arising out of the impact of Oriental and Occidental cultures. Many of the points under consideration may be exaggerated; however, it is an undeniable fact that the fundamental differences in ways of thinking in America stand firmly on the respect of individualism. Contrary to this, the Japanese emphasize communal ethics, morality and unquestionable obedience to the general will of the society. The second primary point that differs completely is the attitude towards Nature. From American thoughts, Japanese know nothing about the conquest of Nature. They believe that Nature is God's gift, while the Japanese believe that Nature is either a benevolent mother or a paternal father which protects. The third point is a different understanding about "power". For the Americans power is the goal as well as the means to fight with Nature and authority, while the Japanese ethic puts special emphasis on the virtues of faithfulness, obedience, complaisance and meekness.

The Japanese cherish moral ideas, together with their social heritages, and would not part from these. Yet the Japanese are very much aware of the reality that we must do something for adaptation of a new science and technology. These three distinctively different ideas come mainly from the sources of inspiration for human beings, since any religion is an embodiment of one's highest ideals and a key factor in a way of thinking. In our basic understanding about religion, there is a sharp distinction between Buddhism and Christianity. It is the contrast between pantheism and monotheism. The Christians have a great tendency to believe that there exists only one Almighty God which rules the world by His Will and Wisdom. Japanese Buddhists, on the contrary, have strong beliefs that Buddha, Son of Heaven, is the agent who can control the people and bring peace on the Earth, and thus the pantheism of religion amounts to a belief in the imminence of divinity in any and every thing which does not oppose the highest ideals of Buddhism—peace in Heaven and on Earth. Monotheism tends to negate Nature, conquer Nature, change Nature by God's Will, and centralize human ideas on the individualism of men. The people are sons of one God, one almighty God. Jesus Christ is the son of God who represents the power of God and God's Will in order to foster concepts of "one person, one belief, and one value" under God. Pantheism decentralizes the power of Buddhism in ideas, conceiving one's life in terms of close relationships with Nature, or absorption into, or negation of one's life for the sake of the natural course of human beings, and emphasizes communal ethics and the moralistic personality.

Christian monotheism often tends to neglect morals because it emphasizes too much rationality, logic and science, and leads to the elaboration of positive idealistic thinkings. In this synthesis, Christian theory often ends up in a non-ethical and non-moral conclusion. From this conclusion, the individual man is the center of the world and creator of God, and thus he is a personality free from moral and communal ethics. In this context, we can easily conclude that pantheism tends toward the personal, or admits to supernatural things, because it sees divine life in daily existence, or even in a small creature like an insect. The most important ideal of Buddhism is the complete absorption of oneself into an absolute thing—Nature, and to annihilate oneself into Nature, and devote oneself to parents, lords, superiors, Emperor, and Heaven. There is no individualistic, pragmatic, logical, rational, nor liberal way of thinking in pantheistic Buddhism. The principal teaching is thus selfsacrifice for Heaven or for the due course of history. This religion poses the idea of non-ego—unselfishness that is subject to the egoism in the American philosophy. The Buddhistic idea, also, demands the perfect personality which limits individual nature and genius in a more positive way.

（中略）

Life exhibits two things: idea and act. Man is both a cultural and a social animal. Searching for the roots of knowledge for these premises, we have to ask ourselves whether philosophy must be universal. It must be the study of all time and space surrounding human existence. Thus its study must include certain standardized thoughts and experiences and insights of all mankind. The total truth, if we can find it, is the very lifeblood of philosophy and the essential need of the present world. But in opposed traditional and cultural backgrounds, we cannot see any feasible reconciliation between the two ways of thinking, unless we try to understand them in two ways—science and philosophy. The former stands for the spirit of discovery and the control of Nature, and the latter, more or less, for the contemplation of Nature.

In Western civilization, science and philosophy are treated as the same subject of knowledge, and have the same roots of rationalism and pragmatism. For the Japanese they came out of two different sources: human beings and the Great Nature which makes a harmonious world. Within the Western philosophy and science, almost the same contrasts can be seen between Japanese and Americans. The Americans tend to be more idealistic, rational, progressive, positive and logical than any other Westerners. While the Japanese are less idealistic, less originative, less rational, and less logical, their thoughts are very rigid and narrow. This does not, however, indicate that the Japanese deny pragmatic rationalism entirely. But pragmatic rationalism, or realistic functionalism is mainly based on aspects of modernization and industrialization, not on philosophy and the research sciences.

In this context, it is best to discuss some important historical trends of medievalism and modernism, if this classification fits our understanding of the cultural backgrounds of the two nations. The Japanese adaptation of other cultures and sciences is, to some extent, similar to that of the Americans. Historically speaking, European cultures were brought by the immigrants from Europe to America, while in Japan, foreign cultures and sciences mainly were brought by the Japanese who had studied in foreign countries. For example, Chinese culture or Confucianism was introduced by the Chinese at the beginning, but the real adaptation was done by the Japanese people, since the leaders were afraid of being destroyed by the old traditional cultures such as Shintoism, poems, and literature. Thus, as Buddhism spread all over Japan, it was allowed to the extent that religion did not destroy the minds of the people and that the medievalism still rested upon a feudalistic system. In this political system, even Confucian philosophy has been used as a tool for governing the people, and later it was given philosophical principles such as unity, peace, stabilization and prosperity under one divine ruler, the Emperor. Contrary to this, Americans have freer and more open minds to accept European science and culture. Modernization was the primary plan to cope with the Europeans. Modernism was accelerated by the Frontier Spirit. Modern civilization in America was brought by industrialization which relied on capitalistic democracy and science, and these are inseparably linked together with the ideas of materialism and pragmatism. The American way of thinking thus has shifted toward these principles.

What then are the effects of modern industry upon the Japanese life and way of thinking? After the Meiji restoration, the leaders of Japan looked for European culture, and found that European scientific knowledge and technology were far superior and more advanced than the Japanese ones. In order to fill up a three hundred year isolation gap, the leaders hastily adapted the superior culture and science which would help Japan's development and modernization in line with European technological development. Although Japan launched into the new adventure, its manner was much the same as when the Japanese accepted the Chinese culture. It was a way that its Restoration policy issued by the Emperor would not hurt any traditional culture and way of thinking.

First of all, its industrialization began to influence Japanese ways of behavior rather than ways of thinking—modernization and civilization in factories, communal life, but not in home life. Thus home life which was supposed to be the basic foundation of social construction put aside modernization for long years. A feudalistic social fabric controlled Japanese home life until the time the reconstruction started after the World War was over. Social and family life were clearly distinguished in people's actions and minds. Two separate, sometimes opposed, thoughts and behaviors controlled daily life. The bad effects appeared partly because modern industrial techniques were introduced in a way similar to a sudden explosion of bombs, partly because all aims, methods and rational ways of thinking for modernization were so contrary to Japanese life that the people were simply amazed and puzzled at them without doing anything. It was very unfortunate that the sharp distinction of the goal of modernization and the established feudalism did not have a mental equilibrium. This would have involved moral and spiritual changes. Moreover, in the confusion of transitional stages, many cases of misunderstanding, conflicts, suspicion, and hatred against the Western culture, and against their old feudalism created unique antagonisms between the new and old, the young and old, poor and rich, modernist and medievalist, man and woman, and the urban and rural.

For the old, the communal ethics were chiefly sustained by the habit of a settled abode for generations, and by occupations handed down from father to son, succeeding title and property of the house. For the young, modern industrial revolution encouraged rationalism, individualism, pragmatism, logical approachs toward the new society, and many people started to migrate to the cities so suddenly that the social structure changed, and it became more mobile. Manual laborers became the most skillful professional laborers, and types of jobs also changed. A great majority of people were emancipated from the obligations of the commune, and released from the ties of the family. Such uprooted individuals produced the most important features of Japanese: class-consciousness and freedom or medievalism and modernism. This antithesis between the two opposed divisions is often characterized as that of duty or piety, and right or claim, and so forth. The sense of obligation, indebtedness, and gratitude predominates over the old and the conservative, while the sense of freedom, rationalism, assertion, and democratic procedures overwhelmingly prevail upon the minds of the young.

This kind of sharp cleavage between the old and the young is shown in the rapid changes of the student movement and labor strikes in Japan. The young insist on "radical change" by industrial development and economic success. They take the position of "all or nothing" in their strong, assertion. The movement of equal and free education constructed rapid change in the modes of life, together with unbalanced mental attitudes toward life. The terms "intelligence", "knowledge", "efficiency", "rationality" and "scientific motive" have been kept in their way of thinking, and developed into a destructive direction rather than a constructive one.

(中略)

Democracy in Japan is still immature, though this concept gave us a new life and hope after the Meiji Restoration, It was not fully recognized by the leaders, and we had to wait to realize it until the War was over. For the people, democracy was imagined as a perfect political institution of government. The real issue of democracy, however, was the struggle between the idea of authority and that of freedom; the struggle between the established institution and the newly emerging private institution; the struggle between women and men; the struggle between the young and old; the struggle between a parliamentary system and an Emperor's system, and above all, a sharp struggle between the capitalists and the proletariat. It was not the struggle for finding the principles of democracy, but the struggle of the power elite who belong to some factions of the political leadership. All these struggles also have brought the unhealed cleavage between the feudalistic system and modernistic democratization. We see again the opposed, contradictary aspects in democracy, which also puts the Japanese people into two antagonistic thinkings.

In the post-war period, for example, the outward aspects of democratic education were rather successfully introduced. The system itself began to function smoothly in a very short time. However, the most important concepts motivating the new system were not well questioned and understood by most Japanese leaders and educators. Social study, which was considered to be the most important educational program, was introduced by American educators, but the teachers were not able to digest these projects, since the underlying philosophy and purposes were not fully understood. The majority of the teachers thought that social studies courses were supposed to be brief introductions to the social sciences which they interpreted to mean Marxism and Leninism, or exact copies of the American social sciences. Again, with a vague understanding of the true concepts of democracy, freedom, equality, and the pursuit of happiness, the majority of Japanese could not get enough education to know what and how democracy should supply philosophical principles. Rather, they sought quick answers in either the extreme right or the extreme left vision.

(中略)

It is the most desirable situation if two different ways of thinking become one. The total prospective of this depends upon how much the Americans and Japanese understand the necessity and significance of this unity. Philosophy must be universal. It must be the study of all times and spaces as well as all existence. Thus certain standardized thoughts, experiences, ways of thinking and goals of philosophy must be taken into consideration. There must be some substantial agreements between the Japanese and Americans. For this purpose, the Second East and West Philosopher's Conference was held at the University of Hawaii in 1949. The Conference declared:

> "In the modern world, provincialism in reflective thinking is dangerous, possibly tragic. If progress in philosophical reflection is to keep pace with that in the natural and social sciences, philosophy, like science, must become internationally cooperative in spirit and in scope. Moreover, if philosophy is to serve one of its main functions—namely, that of guiding the leaders of mankind toward a better world—its perspective must become world-wide and comprehensive in fact as well as in theory."

The most difficult problem of today is to find out the methods with which to synthesize the ideas of the Americans and Japanese. It is too optimistic to expect an easy unity of diversified principles. Obviously, it is a great risk to make an easy compromise for the sake of philosophical unity. We have to find some frameworks of inquiry for the future possibility of fundamental understanding. We have to know what methods are wise to employ in pursuing a quest for mutual understanding between America and Japan.

For this, there are certain assumptions for harmonious reconciliation. First, we have to have a commitment that philosophical understanding between America and Japan is possible, and it will become a reality in a relatively short period of time. It is highly possible because of the present close relationship and cultural contacts as well as industrial impacts between the two nations which in turn create more rapid understanding among the peoples, and partly because of the people of both countries who are making tremendous efforts to know and understand each other today. Language barriers are now, though they are slowly taken away, a secondary factor for misunderstanding, since excellent translators have emerged and more people get a higher education in both countries. Secondly, the problems of misunderstanding and misinterpretation are generally similar to the types of regional and provincial ones. By exchanging people and culture more often and freely, these distinctive characteristics of tradition can become nonunique, and the people will accept only the merit of each philosophy. It might be difficult, however, if the typical American and Japanese thinkers defend their own good points too strongly. Thirdly, and this is the most essential, we must accept the principle of "valuational relativism". Most philosophers are presupposedly committed to take a side, or to insist the ultimate value concept. Most of the people are entangled by their dominating value judgments. It is usually gained from their educational and cultural background and environment. Thinking is usually radically contextual. Unfortunately, it emphasizes the elaboration of logic and rationality. Unfortunately, the most decisive factor determining the context of an object is its emotional value judgment done by emotional human beings.

Dr. Northrop places Japan among the nations of the East with a common heritage in Confucianism, Taoism, and Buddhism. But he sees a decisive difference between Japan and other Asian nations because of the *speed* with which Japan was industrialized. I believe, however, that Shintoism supplied the Japanese with an original religion and a "chosen-nation" sentiment which is the same mentality that Christian nations in the West have. Christian spirits promoted this type of concept throughout history. This spirit fosters the feeling of nationalism and distinctiveness from other nations and cultures, and supplies the strong spiritual and material background for Americans to build a strong nation. Japan's success in modernizing a nation was partly due to her utmost cultivation of the common Asian heritages of Confucianism and Buddhism to meet the Japanese life, and partly due to the whole-hearted acceptance of Western culture, and a particularly smart adapeation of American science and technology. To this extent, Northrop says, "Japan is the meeting place of East and West." In this last analysis, firstly, we must consider not only how to synthesize the American individualism and materialism with the Japanese sensible intuition, but also how much these characters of two different philosophies are significant and important in order to harmonize their own traditional thinkings and culture in each others nation. Secondly, the Japanese parallel ways of thinking—the old and young, modernistic and feudalistic, intellectual and on-intellectual, rational and non-rational, and so forth—must be abolished right away. Thirdly, Americans have to make an effort to know the Eastern cultures and traditions to the degree that the Japanese know American science, culture, and ways of thinking. Then the opposite thinkings which lie between the two most friendly nations would terminate. If not, at least it might bring more relative differences than the present antagonistic distinctions between the two ways of thinking.

（若狭高校商業科雑誌第18号昭和45年3月10日）

過去における発表論文の要約

日本人は誉めそやされていないか―私の国際雑感（1971／昭和46年　商業科雑誌 19号）

敗戦後25年が経過し、1970年代初頭から、日米関係は大変良い方向に急転換した。日本人の甘えの心理をくすぐるかのように誉めそやされ、アメリカのベトナム戦争の尻拭いをさせられるのではないかと心配させられた。

米国は、失業、不景気、ドル安、財政と貿易の双子の赤字に悩み、ベトナム戦争の拡大と長期化、大学生デモ、ドラッグ、市民権運動の確立、環境衛生、エコロジー等の大問題に直面し、永井陽之助教授が中央公論９月号で「解体するアメリカ」像を描かれたが、それはかろうじて避けられた。

日本は近代工業の急成長で、GNP（総生産高）の「P」をProductではなくPollution（汚染）に書き替えねばならないほど、空気、河川、海水の汚染が悪化したが、物質的には豊かになり、世界第３工業国にのし上がった。

ヨーロッパ諸国、特にフランスとドイツはニクソン政権と距離を置き、アラブ連合とイスラエル戦争をきっかけに、政府関係が冷たくなった。カナダ政府は、米国を無視して中共政府を承認した。南アメリカ諸国は、社会主義国家建設へと先走り、チリ政府はクーデターで転覆させられ、キューバは共産主義社会になりソ連と積極的な共存外交を推進した時代。

アメリカはヨーロッパとの友好関係の修復と同時に、日本がアジア諸国のリーダーとなって、アメリカの負担を肩代わりしてくれることを望んでいた。そこで、かつて日本を馬鹿にしたり罵倒したりしていたマス・メディアや学者も、日本を誉めちぎる近道を選んだ。トヨタ自動車が初めて輸出され、軽工業製品や、綿繊維製品等の貿易摩擦を棚上げにして、日米パートナーシップが叫ばれ始めた頃、２つのニクソン・ショック（石油と中共政府の容認）で、日本は大きな被害を受けた。リトル・ファット・ジャップ（小さな肥満の日本人）に対する本音の仕打ちだった。その後、田中角栄のロッキード事件が起こったのである。（９頁）

加州の公用語―英語（1987／昭和62年　日米タイムズ1987年２月４日～２月13日、商業科雑誌35号）

英語をカリフォルニア州の公用語と再確認する必要性と、マイノリティー民族（特にヒスパニックと中国系）の二ヶ国語併設教育の重要性の論争から提起されたプロポジション（住民投票）63号が、英語を公用語とする判断を下した。提案者は、サンフランシスコ州立大学の元学長で後に連邦上院議員となったSam. I. 早川教授。これにより、保守政権の根本政策であるアメリカナイゼーション、即ち、WASPの文化、政治、教育、宗教、言語の普遍性と正当性を容認し、多種民族、多種文化、多種言語の融合を否定したばかりでなく、1970年代の反動として、エスニック・マイノリティー教育を否定した。更に、財政面の規制、言語、文化の統一を図り、マイノリティーのエスニック・アイデンティティーをも否定し、人種差別を増長した。

それ以後、他の州もカリフォルニア州の政治的動きに賛成する州が急に増えた。レーガン元大統領の保守政権は、移民の基本的人権を奪いつつある。それを歴史、現実、理想の国家イメージと多種民族、多種文化、多種言語、多種宗教社会の構成を検証した作品である。（８頁）

日米貿易摩擦の諸問題（1988／昭和63年　商業科雑誌36号）

昭和59年頃から急速に日米貿易摩擦が激化、「貿易戦争」という言葉はアメリカのマスメディアの常用語になって、アメリカ議会が保護貿易主義一色になってきた。貿易、経済問題は極度に政治問題化し、第二次大戦前の如く、日米関係は相いがみ合う感情論までに発展していった。それで、筆者は、日米貿易摩擦の諸問題を提起し、それらに関わる両国の経済、貿易事情を分析し、両国の主張を批判し、解決策を見出そうとした。

米国は貿易負債ナンバーワン、財政赤字ナンバーワン、軍事出費ナンバーワン、失業者数ナンバーワン、そして貧困者指数ナンバーワンなど、ネガティブな実態でワーストワンである。かつての米国の威信がなくなったのに対し、日本は実質上ナンバーワンの地位を確立した。発展途上国の多くは、日本をモデルとし経済発展を始めた。その裏には、日米双方に熾烈な主張があるので略述する。

1．まず、アメリカ側の主張は、保護貿易のため日本の市場開放が十分なされていない。

2．中でも、「米」問題は根が深く、日本は自国の「国策問題」で心理的にも日本の安全保障問題だというが、現実は農家の保護。

3．日本製品のアメリカ市場へのダンピング問題。この問題で半導体ダンピングの罠に引っ掛かった沖電気（株）などがある。

4．アメリカ側は、「防衛ただ乗り論」をむしかえし、日本の防衛努力が足りないと非難。

5．日本人労働者の低賃金とジャパン・インクの先入観で、15～20年前の実態を持ち出し、会社ぐるみの労働組合を批判し、日本企業は国家企業だと主張。

6．更に、日本は、実質上アメリカが日本より保護貿易主義を採り、輸入制限、規制、関税引き上げをやっていると責めた。

これらの摩擦諸問題を解決するため、レーガン大統領は実力者閣僚８人も引き連れ東京に乗り込み、新総理大臣竹下登と第一回首脳会談を行った。日本側も６人の閣僚・外交官が出席したが「顔見せ」的会談であったが、アメリカの方が上手で、米国のマスメディアを眼中に入れた舞台裏劇であった。

こういった状況で日本が早急に解決しなければならないのは、内需拡大、貿易型経済構造の改革、ドル安定化、防衛強化努力、世界への貢献の一つとして政府開発援助（ODA）などであるが、実際、行動するには財政負担が急増し、増税を行わない限り不可能な難題である。（５頁）

天皇崩御に関する報道（1989／平成元年　商業科雑誌37号）

平成元年１月７日の天皇崩御ニュースは、当地で異常なほどテレビ、ラジオを含め、プリント・メディア関係者に大きく取り上げられた。ケネディ大統領、ド・ゴール大統領の死などのようにセンセーショナルな扱いではなかったが、全米では五大テレビ局、有力紙、雑誌が一斉に特別番組を放映したり、特集記事を発表したりした。

ヨーロッパやアジア諸国では、大東亜戦争の大被害、捕虜の虐殺、天皇の戦争責任を追及する目的や企画で天皇崩御を報道していた。イギリスは、BBC

（英国放送協会）が製作した「裕仁神話の背後」と題し、天皇戦争責任に関するテレビ番組で、昭和天皇が開戦に全面的な責任があったとした。それを全米でPBS（公共放送局）が放送したが、掘り下げたものではなかった。また、オランダは天皇の戦争責任を強く主張し、戦後の戦争賠償、天皇の謝罪を取り上げ、国民感情を煽る報道だった。

この当時は、日本企業のアメリカ進出が最高潮に達し、日米の文化、企業、貿易摩擦が大きく報道されていた。世論調査では「ソ連の侵略よりも日本の経済攻勢が怖い」という経済不況のアメリカで、マス・メディアは一般に、天皇の戦争責任を知りながら中道的な報道であった。がその根底に何があったのだろうか。

マッカーサー元帥－極東軍司令官－は、アメリカ占領政策の一環として、日本の天皇制維持を掲げ、戦争責任を免除し、新憲法で天皇のシンボル化を確認し、日米安全保障条約では日米の同盟を主張した。マッカーサー元帥は、日本人の天皇に対する忠誠心、尊敬の念等の国民感情を理解して平穏な占領を望んでいた。

問題は、「国葬としての大喪の礼」と「私的な天皇行事」との区別を明確にせず、竹下内閣が、時間的理由で外国元首を皇室行事にも参列させ、両行事で各国元首を四時間以上も拘束した。こんな国家行事は、政教分離の大原則を謳う新憲法に反するやり方であり、国際的儀礼を犯したのだが、アメリカのマス・メディアはこの問題を取り上げなかった。これはマス・メディアの勉強不足なのか、天皇の私的な皇室行事が記事としての価値がなかったからなのか。（7頁）

悲劇の主人公「青い目の人形」（1993／平成5年　商業科雑誌41号）

青い目の人形（別名・メッセンジャー・ドール）は、1923年以後、アメリカでは排日・排斥運動が盛んになり、日本人の移民禁止法、土地所有禁止法等が制定され、黄禍恐怖症（イエロー・ペリル）が西部沿岸諸州に広がった。日系移民は勿論、日本人も大きな政治的不安を抱き、日米関係は最悪の時代になった。知日派の同志社大学神学部教授シドニー・L・ギューリック博士の指導の下で、全米教会から一万二千七百体以上の青い目の人形が平和のシンボルとして日本の各都道府県の小学校に寄贈されたのは1927年3月3日の「おひな祭り」の日。日本からは答礼人形（別名・黒い目の親善大使人形）として五十八体がクリスマス前にアメリカに送られ、子供を中心とした日米親善、友好関係が良い方向に働き、日米は戦争が避けられると信じていた多くのアメリカ人と日本人を裏切った。

現実は、「青い目の人形」も「黒い目の人形」も敵国人のレッテルを貼られ、壊されていった。戦後、これらの友好親善人形の歴史発掘と目的の重大さに感銘し、サクラメント州立大で、アメリカ最初の「国際親善フォーラム」を主催し、両国民の忘れられた人形の魂を世に訴えた草の根文化交流についての作品。（7頁）

日・米原子力発電所の現状と将来（1997／平成9年　商業科雑誌45号）

この特別寄稿文は、東京工業大学原子炉工業研究所で、平成8年6月28日に講演した「新聞報道にみる原子力」を基に書いたものを、補助・追加したもので、今でも原子力発電所の現状と実態を描いている。

1945年8月広島と長崎に原爆が投下され、原子力時代が始まった。1950年代はもっと破壊力のある水素爆弾が製造され、米・ソの核実験が続き、冷戦下の「核」戦争の脅威が朝鮮戦争後も心配された。ソ連（現ロシア）のスプートニック打ち上げで、米・ソが宇宙開発に血眼となり、キューバ危機を乗り越えた1960年代中頃から、「核」の平和利用が始まった。核エネルギーの神話—安い、きれい、安全、資源の保存—が大きく叫ばれ、原子力発電所建設ラッシュが始まった。原子力発電所建設がオイル・ショック時代の1970年代には世界の先進工業国に急速に広がり、火力、水力発電所では不足なので代替エネルギー確保を原発に頼る政治的経済政策が採用された。社会・共産主義体制の国家も原子力発電所を建設し、「核」戦争の脅威が、核の「平和利用」においても深刻になり、原発と原爆製造が混同された。その汚染の危険性が再検討されるうち、数々の法律、例えば、1963年の大気清浄法（クリーン・エアー・アクト）、1965年の国家環境政策法、1970年の水質改善法、1972年の連邦水質汚染統制法、1976年の有害物質統制法、更に1980年の包括的環境対策（スーパー・ファンド）が制定された。それで、マスコミ報道によって、民衆の反対運動に進展させていった。

1979年アメリカでスリーマイル島原発の大事故に続き、ランチョ・セイコ原子力発電所の事故が発生し、放射能汚染が心配され、住民投票でシャット・ダウンされた。そして、1989年には、ソ連のチェルノブイリで想像に絶する大惨事が起こり、核燃料による原発の安全性と信頼性が完全に無くなって、原発も死をもたらすイメージとして定着した。

日本でも原子力発電所の事故が続き、大事には至らなくても情報の公開や建設不透明で住民の心配や恐怖を取り除くことができず、住民投票で新規建設が不可能となり、老朽化対策で現有電力供給が維持されているが、資源の乏しい日本は、省エネの完全実施と代替エネルギーの緊急開発が大切になってきた。

問題点

１．米国の原子力発電所建設が1978年以降にストップした理由のマスコミ攻撃

２．原発と原爆の相互関係にもとづく死の恐怖と環境破壊

３．核エネルギーの神話をくつがえした大小の事故。電力企業とNRC体制への反対運動

４．原発新規立地に関係する利害と不安の葛藤する住民投票

５．核の代替エネルギーの開発と実用化

６．事故公開や査察の不透明さとマスコミの報道姿勢、 etc.を論じた。（９頁）

日本主要新聞界にもの申す（1999／平成11年　商業科雑誌47号）

筆者の新聞研究30年の調査、分析を基に、敢えて日本主要新聞界に色々と提案する。日本経済―バブルの崩壊後のマスメディアが腰抜けで、国家の第四の機関としてのオピニオン・リーダーの役割を放棄し諦めている。

その具体例としては、長銀の経営破綻と受け皿たる合併銀行の多くの出没、日本の構造改革の報道、教育関係と報道の時代遅れ、公開法案の成立と運営、政治家の汚職、薬害エイズ裁判、企業家の贈収賄、創価学会等の怠慢な実態調査報道。

マスメディアは、客観的価値観から正確で信頼できる情報を収集し、読者に知らせる義務と使命を持っている。それが、社会的公器として「表現の自由」

の権利まで高められているのだ。

筆者は、「日本の新聞報道—アメリカからの緊急提言」(池田書房 1990 年発行)を発表して日本マスメディアに警告を与えたが、未だ大きな進展は見られない。(9頁)

南京大虐殺事件—アメリカから見た問題(2001／平成 13 年　商業科雑誌 49号)

南京大虐殺事件ほど日本の学者、歴史家、文化人、ジャーナリスト、漫画家まで二つに分かれて大虐殺を感情的に論争したことがない。その論争の火付け役は、中国系アメリカ人アイリス・チャンである。彼女を支援したのは中国大陸政府、中国系アメリカ人の「記念南京大虐殺受難同胞連合会」、シリコン・バレーを中心とした「日中戦争の真実を保存する同盟」に加え、日本人側の「南京大虐殺—日本人への告発グループ」で、南京事件調査研究会を中心に、渡辺寛、本田勝一、洞富雄等。

アイリス・チャン著の「ザ・レイプ・オブ・ナンキン—第二次世界大戦の忘れられたホロコースト」(1997 年発行)の衝撃によって、アメリカ人の読者や理解者を得たばかりでなく、日本軍国主義者の戦争責任と賠償追求の訴訟手続きの期限延長が可能となった。

反対論者(幻組)は、東中野修道、鈴木明等を中心に、ラーベの日記、マギー牧師の日記、彼等の写真、物的証拠、当時の報道等を徹底検証し反論している。更に、南京裁判と極東軍事裁判での、反対証言の否認、殺害写真の信憑性を争い、雑誌「諸君」は、反対論者の声を発表している。

筆者は、この南京事件に関わったのは、カリフォルニア州立サクラメント校で、2000年3月8日から4月2日にかけて、大学で南京アトロシティの写真展を中心に、ゼミナール、講演、映画を開催した時、反対派の論客として発表した。アイリス・チャンの杜撰な証拠収集、引用、事件の歪曲、捏造等を指摘し、日本での翻訳本の出版が拒否された理由を付け加えた。

アメリカ側での、政治、経済、賠償訴訟手続きで政治家の動きを活発にし、ニューヨーク・タイムズとタイム・マガジンのベスト・セラーになった衝撃本。時代の流れに敏感なアメリカのマス・メディア。中国侵略作戦は天皇の戦争責任であるとする賛成論者は、日本軍の大虐殺や婦女強姦事件を10倍、20倍にも増幅し、通常ではその数字を認知できない。今後の研究課題を与えた問題作品。

（注）アイリス・チャンは2004年11月10日、36才で自殺。(10頁)

文化交流と一個人（1982／昭和57年　商業科雑誌30号記念号）

執筆の動機は、第30号記念号発行にふさわしい題材を選び、日米文化交流の歴史、定義、実践を一般的に紹介するため。戦後37年が過ぎ、日本企業の経済進出がめざましく、貿易・経済摩擦が始まり、加えて文化理解、親善、交流が叫ばれた。筆者はそれらを実践し、読者にチャレンジした論文。

まず、日米文化交流の歴史を辿ると、アメリカの半強制的交流と日本の一方的輸入超過は、教育、宗教、文学、政治、科学など、あらゆる分野で行われた。

1853年、ペリー提督の黒船襲来に端を発し、日米修好通商条約が結ばれ政府間の交流が始まり、戦後、サンフランシスコ平和条約で日本の独立がかろうじて達成された。

独立後、急速に発達した日本経済がアメリカ市場を攪乱し、太平洋戦争の罪悪意識と相まって、日本人はアメリカ人に媚び、ご機嫌伺いのため手弁当で贈り物を持って文化交流を押し進めたが、反日感情を鎮めることができなかった。日本の時代物映画や日本料理がブームとなったが、再び、自動車やカラーテレビ、カメラなどの輸出でアメリカ人を怒らせた。反日感情の根源はアメリカ人の無知であるが、裏を返せば白人優越主義と人種偏見である。ベトナム戦争が悪化し始めた1969年頃から反日感情がむき出しになり、日本防衛「ただ乗り」論まで飛び出した。学生はベトナム戦争反対を叫び、アメリカの侵略の原因を追求。少数民族に対する人種差別を取り除くため、少数民族の意識の向上を計り、民族、文化、言語、歴史、宗教などの多種性を認めると同時に、民族内の文化的同一性を強調した。少数民族のコースを設置し、歴史、文化、言語、文学、芸術などを少数民族の学者から学ぶ「The Ethnic Identity and Studies Movement（民族学運動）」が社会に広がっていった。

その教育改革期の中で、一個人としてできる日米文化交流の「懸け橋」の場は大学であった。筆者は、日本語、日本関係、アジア民族関係コースの新設、海外子女教育学校の設置、日本経済セミナー、音楽会、美術、工芸品展の開催など多くの文化事業を手掛けた。これらの仕事以外に、カリフォルニア北部日本語教師会会長、米国日本語協会会長などの役職を果たし、最善の努力をしてきた。（11頁）

日系アメリカ人社会を揺り動かす「二つの祖国」（1984／昭和59年　商業科雑誌32号）

「二つの祖国」の原作者、山崎豊子の言う、二つの祖国の解釈の違い、帰米二世と日系人の文化、習慣、言語とアイデンティティーの相違、歴史の事実と歴史的小説の大きな違い。また、日系人の強制収容所生活、広島、長崎の原爆投下の大被害、極東軍事裁判所での通訳官の苦悩、小説の主人公、天羽賢治と椰子との不倫の愛、遂に祖国を見出せなかった主人公の自殺。

NHK大河ドラマが「二つの祖国」の題名まで変えて「山河燃ゆ」と題してドラマ化し、社会的価値を強調した。アメリカでも放映されたので、その当時、連邦政府と交渉中の日系アメリカ人強制収容の物理的、精神的損害賠償に悪影響を与えることを恐れた筆者は、小説とドラマの問題を克明に分析し批判した。この論文は、日米時事新聞にも掲載された作品。（9頁）

21世紀における日本人―「和の精神に即して」（2002／平成14年　商業科雑誌50号発刊記念講演）

この題を選んだ理由は、日本人ほど世界の人々から誤解されている国民がいない事実を生活体験上知り、日本人社会の二重構造、宗教、考え方、習慣等の悪いイメージばかりが報道され、日本人の良い肯定的なプロフィールが余りないのに憤慨した。そこで、講演者は、「この国のかたち」の著者、司馬遼太郎氏が嘆かれた「日本人は確固たる精神を持ち合わせていない」に反発し、21世紀において日本人が世界に何ができるのかを問うため、小浜市民、先生、若狭高校生を対象に、商業科雑誌50号特別記念発刊に際し講演した。

敗戦後、アメリカかぶれの学者、文化人、識者、報道人は、日本人の精神構造を否定したばかりではなく長く良い歴史、文化、文学、芸術、伝統遺産までも捨てようとしだした。そこで、日本人の「和の精神」を掘り起こし、平安、江戸、明治、昭和時代と戦後の「和の精神」を調べ、最近の歪曲された利己的物質主義の社会的悪を糾弾する。特に、政府、外交、官僚、大企業、学界で指導的立場にある人たちが多くの重犯罪を犯し、「和の精神」を悪用して人間本来の「善」の常識を逸脱してきた。

国際社会においては、軍事一極化のアメリカ外交政策は、９/11の世界貿易センタービル崩壊後、先制攻撃と侵略戦争を正当化し、今日では、反アメリカ・ブロックが作り上げられ、イスラム教対専制帝国の抗争になってきた。その根底にあるのは、アメリカ軍事産業の利益を官、学、産業が一体となって行うアメリカ国家の利益保護である。現在、国際社会は２つに分かれて、国連の機能もアメリカに引きずり回されている。

こんな平和危機の時代に、既存の宗教の役割は終わり、それ以外の精神文化が育たなければならない。その宗教理念に代わる根本精神は、日本人特有の「和の精神」である。それを世界に広めるのは21世紀における日本人の使命であると考える。（７頁）

第5章 紀行文

特別寄稿　キューバを訪れて

カリフォルニア州立大学サクラメント校教授
林ヶ谷　昭太郎
（若狭高校第四回商業科卒）

はじめに

キューバはラテン・アメリカの異端者、カリブの海の孤児、独裁者カストロの嬰児等と悪いイメージだけが伝わるアメリカ社会にいては本当のキューバが分かりにくい。カストロが率いる社会主義革命政権が出来て四〇年以上が過ぎた。去年七月二十六日、四十周年式典が独立革命広場で盛大に行われたが、アメリカのマス・メディアは大きく報道しなかった。発展途上国の中では共産主義独裁体制が現在まで続いているのは、北朝鮮とキューバ等である。両国共西欧民主々義国家から問題にされ、国交関係が無いアメリカ市民にとってはキューバを特別な感覚で判断する。

外交回復がない国へ行くには特別の許可が財務省から必要である。クリントン政権になって、交流は少し緩和され、文化、学術、教育、スポーツ関係の交流が始まったので、短期間の団体旅行であれば、訪問が可能になった。然し、貿易、経済封鎖が今日でも続き、ホームズ・バートン封鎖法令によりむしろ強化されている。国連総会でもこの貿易、経済封鎖は、キューバ国民の首をしめ、益々、生活困窮に追い込むだけで独裁者、カストロにとっては都合のよい反米主義思想が宣伝できる火種になっている。欧州諸国はアメリカの経済政策に反対して、国交回復をやり始め日本大使館もキューバに開設された（田中三郎大使）。

現地、ハバナで、我々の生活はこれだけ悪いのは、アメリカの貿易、経済封鎖の影響であると公言するキューバ人によく会った。その人達は私を「チーノ」（中国人の別称で下げすんだ呼び方）と思いアメリカの悪口を平気で言う。アメリカ人同僚といる時には、私に耳打ちする格好で話す。その会話の中にはカストロが悪いと一言も言わない。「ヤンキー。インペァリスト（米帝国主義者）が我々を苦しめるのだ」と。このように偏見やイデオロギーの違いで、にくしみを露にするキューバ人に会い、生活の実体を知り、マス・メディアや大学関係者の話を聞くため八日間の旅に出た。キューバ旅行は二年間の準備と勉強の成果と同時に、今後の研究、調査の下準備になった。

ヒッチ・ハイクの奨励

去年三月二十七日、サン・フランシスコ国際空港で九時に集合。十一時出発のコンティネンタル飛行機で、テキサス州のヒューストン国際空港へ。そこで東部州から合流する三人の学者と一人の新聞記者に会い、それからメキシコ国際空港に飛び、夜はメキシコ市内のホテルで一泊。アエロプエルト・プラザ・ホテルは昔の面影を残し、現在もメキシカナ航空の専属ホテルで、ヨーロッパ人の旅行者が多かった。このホテルでドイツからの参加者も加わり、サクラメント大学の旅行者を中心に二十二名の団体客。翌朝、五時前にメキシコ国際空港のカウンタ前に集合のあわただしい旅。

キューバ政府と国交がないためアメリカ航空会社は第三国で外交関係のあるラテン・アメリカの諸国を通じ、キューバに入国する。サンフランシスコ国際空港から直行できれば、四時間半でキューバに着く。行くだけに六時間の浪費と一泊のホテル代を考えると外交回復の必要性が痛感される。メキシコ国際空港では厳重なビザ、ラゲッジの検査をされ、旅行目的や身元確認までされて怒りちらしている乗客も数人いた。日本の添乗員付き団体旅行とは違い、各自一人一人の責任で通関手続きをしなければならないこの団体旅行者は、まず言葉の壁を感じる。私がメキシカナ航空機に搭乗できたのは一番最後で、寝不足もあって、大変疲れた出発だった。

ハバナ新国際空港に十時過ぎに到着。空港内はメキシカナ航空機から降りた乗客百七十人位だけで、ガラッとしていた。カトリック教のジョン・ポール二世法王がキューバを訪問した一九九八年までには完成されず、空港施設も完全ではなかった。規模は日本の国内空港の大きさで、空港の外側はまだ舗装されていず、赤茶色の土が眩しく目に入った。タクシーも二、三台、自家用車二台、観光バス二台が駐車場に止まっていた。ターミナルの向こうにボーイング型七二七号機が二機。そして、その左にユナイテッド空港機七四七ジャンボが一機止まっていた。このアメリカ機が、アトランタ市のボルトモア野球選手や役員達を乗せてきた特別チャータ機であった。過密のハバナ市にあったホーゼ・マーティ空港を放して観光事業を経済復興の基幹産業とするキューバ政権の意気込みが見られるが、これだけがらっとしている空港を見るとまだまだ外国観光客には魅力のないキューバなのだろう。

未完成のハイウェイをホテルナショナルへと向かった。道路側にある五階建てのアパート等はペンキがはげており、ガラス窓も壊れ、鉄筋のはだかの骨格が見える。自転車、モーターバイクに乗っている人はいい方で、多くの市民が歩いている。大道路も対面交通。いたる所で、五、六人かたまっている。バスを待っているのではなく、ハバナ市内に入る車をヒッチ・ハイクするためである。団体旅行者の総責任者、サンタナ博士が、ヒッチ・ハイカーを乗せてやろうと言って、途中停車し、四人の女性を乗せた。我々にとっては市民と話ができる機会で、色々質問した。憶することもなく楽しげに答える中年女性は、カストロ政権後一般市民の生活がよくなった。四十五年前には、この土地は二、三人の大地主に支配され、奴隷同様の小作人が働いていた。今にもつぶれそうな藁葺のみにくい小屋は、我々、小作人の住み家であった。現在は、市内のレストランで働き、アパートに住み、子供二人が、中学校に行っていると。

バスを待っていても時間通りに来ないし、来ても乗客で満員だ。バスの数も少ない。主要路線も限られていて、市内に行くためにはヒッチハイクする方が早い。このヒッチ・ハイク制は、市が奨励している。ハバナ市からバラデロのインターナショナル・ホテルへ行く途中、三回もヒッチハイカーを乗せた。市内観光中、バス停の横で黄色のユニフォームを着た男性が、自動車、個人タクシー、トラックを止めて、行き先を聞き、ヒッチハイカーを斡旋している。朝夕のラッシュ・アワーには、軍人、警官、看護婦など制服を着た通勤者がヒッチ・ハイクするのには驚いた。職業上の威厳もメンツもない。高速道路と言っても、舗道脇が赤土で、バスが止まると一面砂埃が立つ。五十マイロ位で走る観光バスは、エア・コン、テレビ、トイレ付きで、快適であるが、市営バスは窓ガラスも無いオンボロ車で、乗客などが我々に手を振っているのが痛ましい。

観光バスは、スウェーデンのボルボ製。他のはブラジル製だが、「本当に立派なのはブラジル製のイスズだ」と目を細めた運転手。日本はラテン・アメリカ市場では、アメリカの顔色を窺って経済進出を抑制した結果、西ヨーロッパ企業に遅れを取り、立ち直れないのではないか心配になった。

キューバ訪問で多くの強い印象がある。その中でも「ナショナル」という看板や標語が至る所にあった。小さいスポーツ競技場は言うに及ばず、ホテル、レストラン、政府建物、アパートの前に「ナショナル」の名称が付いている。国旗も多く見た。共産主義社会では、このように国家主義を高揚しなければならない理由が分かる。キューバのナショナリズムは、民族独立主義と同じである。四世紀に亘るスペイン帝国の支配。その後、百年以上のアメリカ帝国支配。キューバ独立革命後も旧ソ連への服従。共産主義国家の盟主が崩壊した一九九一年から共産主義とか社会主義国家建設のスローガンは政治理念として、合致しなくなった。一九五九年のカストロの政治革命は、共産主義をイデオロギーとし、政治経済独立を外交政策の根本としている。国内政策は、平等、(教育の機会均等、男・女賃金や労働の平等性)人間の尊重(社会福祉、医療制度の整備)公共や国家への奉仕、犯罪の撲滅等を着々と実施している。

然し、近年は、その理想的国家体制の維持もむずかしくなってきた。政治、経済上の独立を標望しても現実に世界経済大国や軍事大国の圧迫に負けてしまう。キューバの経済危機はアメリカの経済封鎖より、旧ソ連の急激な全面的な撤退の結果。経済援助の打ち切り、教育、医療、軍事専門家の帰国、砂糖購買と石油輸出のストップ等大きな打撃を与えたばかりか国交断絶を強いられたカストロ政権。それも一年半という短期間で夜逃げのような撤退で、経済的独立も中途半端になりカストロ独裁政権にとっては、生命線を切られた。国民にとっては共産主義理念の守護の神を失い、その後の精神的空白をうずめるのに七、八年もかかった。

キューバ市民は、道路に止まっているおんぼろのソ連車を見るとはき捨てるようにソ連の悪口を言う。一九六一年にミサイルをキューバに設置することに失敗したフルシチョフより、アメリカの軍事競争に屈服したゴルバチョフの方が人気が悪い。市民の感情に敏感な独裁者、カストロ氏も共産主義を反植民地主義に置き換え、それが結果的にはキューバ民族独立主義の国民教化に寄与し、歴史上、独立運動を繰り返した精神的糧になっている。

キューバ共和国は、カリビアン諸国の中で一番大きい島国で、ワニの格好をして温かい太陽の海に寝そべっている国。人口は千百二十万人。全長が千二百五十キロメートル。一番広い所は百九十キロメートルで、全土の広さは十一万九九二平方キロメートルと小さい。その小さい国が何故、世界の注目を集めるのだろうか。

一四九二年、クリストファ・コロンブスの発見に始まるキューバは、スペイン帝国の南アメリカ進出の拠点で、最初は、金、銀、銅等の発見とアフリカ人奴隷貿易によって栄えた。軍事基地を足場に、メキシコ、コロンビア、ペルー等への侵略と支配を成し遂げ、カトリック教の名の下に、先住民や奴隷を非人間的に働かせ、未曽有の富をスペイン王国が得た。十六世紀初め、カトリック教の布教が始まると、教会、神院、要塞等の建設が進められ、十七世紀には、世界に誇る豪華な教会建築、絵画等が現れ、小さなスペイン帝国を形成した。

金、銀、鉱山業と並行して、砂糖生産（白い金）に力を入れ、近隣諸島の奴隷労働者を使い、スペイン王朝は栄耀栄華をほしいままにした。奴隷労働者は一七七四年頃は約四万人であったのが、一八四〇年頃には、四十七万と約十倍に膨れあがり、先住民と白系ヨーロッパ人との混血児も倍増した。

キューバの独立戦争は、ほとんど革命戦争の性格を持っていて、独立運動は、反植民地支配の革命につながった。一八六八年以前の独立運動は、失敗に終わった。混血キューバ人のスペイン帝国支配の排除は、全市民の賛同を得て、自由を求めた多くの奴隷も参加し、約十年の闘いに二十万人もの死者を出したが、この時もキューバ人の独立を果たすことができなかった。

それは、アメリカの戦争介入によって、新たな植民地支配下に入ったからである。一八九四年以後、スペインはアメリカとの戦争に敗け、プエルトリコ、グアム、フィリピンから撤退し、キューバはラテン・アメリカ支配の軍事戦略拠点となり、カイライ軍事政権（一九一一年以降）のタライ廻しが続いた。最後の軍事政権はフルジンシオ・バティスタで、軍曹時代にセスペデス大統領政権を転覆させ（一九三三年）、一九五九年にカストロ独立革命政権が誕生するまで、二十六年の長きに亘り、独裁軍事制の下に、反対者を抹殺し、国家を私物化し、国民を奴隷化した。アメリカ大企業の資本主義的搾取の犠牲者となった。現在も多くの犠牲者が生存しており、アメリカ人を憎む反米感情が理解でき、エリアン事件はその一例。

去年十一月感謝祭の日、フロリダ沖で救助された少年エリアン・ゴンザレス（六歳）の処遇に関し、アメリカとキューバは大きな政治的解決に迫られている。十四人のキューバ人が、マイアミへ密入国中、小舟が転覆し、十人が死亡。エリアンの実母、エリザベート・ゴンザレスも遭難した。六歳のエリアンは、タイヤのチューブで二日間も漂流していたが、幸運にも二人のボーター（船乗り）に救われ、マイアミ（フロリダ州）の親類側に引き渡された。このエリアンは、マイアミに住むキューバ亡命者百万人の英雄になり、亡き母の身代わりとして、少年の亡命を助けようとする。然し、キューバに住む実父、ホアン・マイグエル・ゴンザレスは、離婚したエリザベートが、自分の了解なしに連れ出したのであるから、親権者である父に引き渡すよう要求。米国移民帰化局は、仲介者であるボブ・エドガー（アメリカ教会団体の代表）が、キューバの教会側と実父を交え話し合った報告書に基づき、一月十四日（金）までに帰国命令を出した。父方の従兄弟で、養育権を要求する親類側は、強制送還命令の差し止め訴訟を行った。その前には、インディアナ州出身下院議員、ダン・バートン（共和党）は、エリアンを国会に召喚する手続きをして、三月六日まで、送還を延期した。その間に、親類側は、マイアミ・デイド郡家庭裁判所に保護権を訴え、それが、ロサ・ロドリグェス裁判官に認められた。移民問題は、連邦政府の管轄であるのに、郡裁判所が裁く変則判決には、裁判官のキューバ亡命政治団体との利害関係が報道され、司法上も混沌とし、更に共和党上院議員は、エリアンに米国市民権を授与する法律を提出しようと計画している。マイアミでは、エリアン君を守る政治団体が、移民局決定に反対し、大きなデモを行ったし、もし、彼は強制送還されることになれば、もっと大きなデモで、都市の破壊は免れないだろう。

一方キューバ側も少年返還運動が大きく、根強くなり、カストロ大統領はデモの群衆に向かって返還要求の大演説をし、父親を励ました。次のデモは制服の子供が先頭に立ち、ハバナ市を歩く約七万人。三番目の示威運動は、女性中心の婦人達。その中には、ラウル・カストロ（フィデルの弟）夫人、ホアン・ゴンザレスの現夫人、エリアンのおばさんをリーダーに約十万人のデモ行進。キューバ側は国民総出でデモをやり、アメリカ政治家の言う人権擁護の策略を国家独立のために打ち砕く。キューバ人亡命政治活動は反カストロを旗印に大きくなってきて、十一月の大統領戦にも影響する圧力団体になってきたが、現在の世論調査では、五十三％が少年エリアンの帰国に賛成で、子供の幸福は父の家で育つことであるという。アメリカのような物質的社会では人間尊厳の精神が育たないし、キューバに於けるナショナリズムの高揚は、一少年の生死を越えて動いている。キューバ人の反米感情は必ずしもキューバ政権の扇動によるものとは思えなく、アメリカ南部政治家の選挙利害が絡みすぎている。

アーネスト「チェ」・ゲバラの顔写真は、公共の建物の玄関口に飾ってある。カストロが革命ゲリラ指導者とメキシコ市に居た一九五四年に、アルゼンチンの若い医者、チエ（愛称）に会った。彼はアメリカ支配のカロス・アントニオ・アーマス政権の死刑を免れて、メキシコ市に亡命した。両者は国が違っても、アメリカの「傀儡政権」を倒さなければ、人権が蹂躙され、生活困窮に加え、奴隷制労働で多くの市民が死んでいく。これらの軍事政権の打倒には共産主義革命以外に手段がないという政治的同盟を誓い合った。その後、妻子・母を残し、フィデル・カストロ同志の片腕として、キューバ革命に参加した。共産主義革命の成功後も、キューバに残ることもなく、ラテン・アメリカ、特にアフリカ大陸コンゴの独立戦争を指揮し、ヨーロッパ植民地大国からの独立運動を発展させた悲劇の英雄的ゲリラ闘士であった。

革命自由の広場の前にある高層建物の前に大きな“チェ”のネオンサイン写真があって、夜には眩しい。彼の死は当時、植民地支配下にあった諸国の独立運動を急速に発展させる導火線となり、アジア・アフリカ、ラテン・アメリカに広がっていった。一九六七年、コロンビアの山奥で捕獲されて、暗殺された「チェ」は、カストロより人気があるのは、革命家の闘争的精神と犠牲の必要をキューバ人に教え、毎年十月八日「ゲリラ・ファイター・デー」として祝われ、ラテン・アメリカ人のシンボルともなっているからである。

一九七〇年頃から、カストロ氏は第三世界発展途上国のスポークスマンとして南アメリカ、中国、ベトナム、アフリカ諸国を訪れ社会主義革命の必要性を説き続けたが「チェ」ほど信頼されなかったと言われている。それで、彼はアンゴラ独立戦争に二十万人のキューバ軍を送り、一九七八年にはエチオピアに正規軍を派遣して、植民地帝国を一掃し、世界から「革命の父」と呼ばれるまで時間がかかった。

キューバ政権の経済統制は徹底していた。私有財産制を認めない国はまだ、五、六か国あるが、キューバでは、家、アパート、レストラン、車、土地等も公共財産である。ところが一九八〇年初め頃から、旧ソ連式政府経営管理方式が通じなくなり、デモが始まり、政府も不満分子十二万五千人位をアメリカに追放した。その中には政治犯も刑事犯人も含まれ、アメリカは多くの殺人犯人を抱え、カーター政権のヒューマニズム理念が裏切られた。

一九八九年頃から政治経済危機に追打ちをかけたのは旧ソ連であるが、中共に似た文化大革命に発展しなかったのは、カストロの政策より、米国大統領ジミー・カーターのキューバ人に対する理解と寛容さであった。が、それは弱い大統領のイメージとなり、イラン革命の反米主義で、保守派のローナルド・レーガン大統領選出となった。然し、今日では、カーター元大統領は、アメリカ政府の特使として、世界問題解決に精力を注ぎ、パナマ運河返還代表としてアメリカ国民の信頼を得ている。

学校教育所見など

我々旅行者が、ハバナ市図書館前でバスを降り、自由行動が二時間あった。私は図書館に飛んで入った。びっくりしたのは、私よりも受付係のエバであった。彼女は日本人を見たことがないという。学校が休みなので、奉仕で働きながら、勉強を続けている小学校の先生だ。英語での会話もはっきりとして、雑談がはずんだが、現政権の批判的質問には笑顔をしても答えてくれなかった。然し、自分達夫婦には夢があると。アパートを四、五年で買うのだ。自分の月給は十二ドル、主人は庭師で十三ドル。二人の月給の半分を六年間も貯めている。法律上所有できないが、弁護士に千ドル位払えば、家賃なしで住むことができる。それは中古のアパートでも今のより良く子供のためにも良いと。

個人タクシーと言っても、日本のようにサインも名前もない。完全な「もぐり」営業のタクシー業をやっている。私はホテルによく来る車だから話しかけたら、その時は目配りで「あの通り角」と言った。警官に見つかれば、車は没収され、刑務所行き十年は覚悟。ハバナ大学へ行ってほしいと言うと、「ノー」と言う返事。あの大学近辺は一番危うい所。自分達もぐりタクシー運転手には。自分は夕方から観光客だけしか乗せない。昼は、観光客用のレストランで働き、夜になるとお客様をそのレストランへ連れていくから、私の税金も払ってくれる。観光シーズンには、月額に百ドル以上もなるので、大きな家に住み、子供一人をメキシコ大学にやっている。もぐりタクシーが多いから、このグループと仲良くしていれば警官に見つかっても逮捕されず、十一年もやっている。初めは、マイアミに亡命した従兄弟に車代を借りたが…と言って話している中にハバナ大学の近くに来た。「ノー」とは「イエス」であり、自分の判断で運転するということだった。彼の韓国製「現代」が人気もあり、電気製品の進出も中国製の自転車に次いで多い。

ハバナ大通りに個人経営のレストランが繁盛していた。道路で客引きをやっていた美人の口説きに負けて、同僚五人と昼食に入った。その店は裏庭を利用し寝室に繋ぎ、五、六のテーブルを置いて十五人位が座れる。ナショナル・ホテルから歩いて七分。ちょっとさびれた軒並みの裏にあるから、一目ではレストランとは見えない。「さくら」のダンサーがいる家の裏で、表玄関は小さかった。ステーキが一番おいしいとの事だったのですぐ注文。観光客の人ばかり。ビールはメキシコ産。驚いたことに肉は豚肉だった。文句を言うと「牛肉が売り切れてしまった」という。ステーキ代と同じ十八ドルであったから、一流ホテルのランチ並みである。

肉の配給は月に一度。鳥肉か豚肉。牛肉は祝日の前にあった配給も今では無くなった。観光客が多くなってから国民の食卓に乗ること年に三度がよい方。パン、米、豆、豚肉、食料油、ジャガイモ等全部クーポン制。日常生活の必需品は勿論、石油は特に規制されている。夫婦共稼ぎで最低生活に十七ドル必要。月給は二人で二十五ドルから三十ドルであるから、車等持てない。メキシコ市のように乞食は目立たない。皆がそれぞれ働けば、生活が保障され、教育も医療も無料である。我々は三つに分かれ、小学校、中学校、大学へ行って、翌日、朝九時の集合にそれぞれグループ発表をする。短期間の旅行で、多くの物を見聞するのは、グループ体験報告は一番効果的であった。

小学校を参観したグループは、お土産に持参したノートブック、鉛筆、消しゴム、工作用のりの入った大きい袋を三つ渡した時、子供達の喜びの喚声が忘れられないと。教育程度は高くないが、基礎教育に力を入れている。教育の平等、機会均等が浸透し、誰もが高等教育を受けられるが、小学校から教材や器具がなければ、中学校ではどうなるのだろうか。工作用の鋏を空港でのチェックインの時に取り上げられた先生の怒りは、中学訪問の時もまた爆発したらしい。中学生に必要なものは鋏や電卓だった。制服姿の少年少女は写真でよく見るように可愛いとの報告だったが、肝心の教育関係の話がなかった。

私が行ったマタンザス市は歴史上古い町。奴隷売買と女の港町。銀山で栄えた町の名の如く、市内の建築物や博物館が立派であった。そんな予備知識と最近、アフリカ、アジア、ラテン・アメリカの留学生を多く受け入れる大学として知られているので、我々の期待が大きすぎたのかもしれない。旧ソ連が第三諸国の留学生受入れを停止した肩代わりをしているのがキューバ。建物は四、五十年前の物。大きく立派な建築でもペンキがはげていて、コンクリートが裸のままであれば、大学の威容感がなくなる。最高教育機関の雄姿が死んでいる。便所が汚く、壊れていても直さない。壁には革命前の落書きが見せしめのように残っている。

コンピュータ・センターを見せてもらったが、三台あるだけ。教授もそれを使う。教授室には、二台の電動タイプライター。手動は四台でも、二台にはタイプリボンがない。チョークは二、三本。先生の用紙はうす茶色のざら紙。終戦直後の日本の中学時代を思い出した。教材も配給制で、申請してから六か月、遅ければ一年以上かかる現実。教材不足は、アメリカのボイコットの為だと言った教授に「月給は？」と尋ねてみたところ返事がなかった。大学教授の多くは、官舎に住んでいるから、二十五ドルから二十九ドルの月給でも、良い生活ができるらしい。アルバイトをしなければ、子供の留学は難しいが。

アフリカ大陸のザンビアからの国費留学生男性と話した。授業料、食事、住宅、教材等全部無料でキューバ政府の負担。交通の不便を除けば、自国より教育水準も高く勉強になると、ラテン・アメリカの留学生が一番多く、二四〇人位。この留学生は上流社会の子女でなく、少数民族や下層社会の男女で、キューバで、社会主義教育を受け帰国する。

医療制度がラテン・アメリカ諸国で一番発達しているキューバ。医師の特別講演がホテルの会議室で開かれた。生まれる時から死ぬまで医療費が無料。老後施設もあり、医師や看護婦の出張サービスもある。私は、これが建前で現実はどうだろうかと疑うばかりの良いことばかり。一九五九年のキューバ革命後何十万人のアメリカへの亡命者の中に医師、看護婦らが約二万八千人。医者不足がいつ解決されたのだろうか。まだまだ不足していることを認め、発展途上国から留学生を三千人以上受け入れて矛盾。彼等も全額無料で、社会主義諸国への奉仕であると。特別な専門分野以外は三年で医学課程を修了し、一年のインターンで正規の医者になる。国家試験は？答えなし。九時過ぎから十一時までの講演で、スペイン語ばかり。通訳も医学用語の知識不足で、半分位しか理解できなかった。

キューバの病院では、アスピリン、目薬、石けん、ちり紙、バンソウコウ等の医薬品が足りないと聞いたので、多くの参加者は部屋に帰って、不必要な物をかき集めてお土産にした。余分の下着、くつ下、ズボン、背広も差し上げた時、私の顔を見て「ハポネス、ありがとう」と日本語で話しかけてきた。自分の妻は、日系キューバ人でメキシコ留学生時代に知り合った医師。「国交が回復したので、必ず日本へ行く」と。我々から集められた講演料一二〇ドルとたくさんのお土産をもらって帰る医者も、ホテル前からヒッチ・ハイクで去っていくのを見送りながら、何だか淋しくみじめな気持ちになった。

日曜日は教会へ行くかノミ市場へ行くかの選択。自由経済市場を禁止してきた共産主義政府も、徐々に余剰物産を売る公設市場を認めた。自家製のアイスクリーム（一ドル）はおいしかった。果物はホテルで食べられるので素通り。各々の売場には色々な物が置いてある。メキシコの朝市ほど賑やかではないが、農作物は何でもあった。地酒がないかと二、三の売り場を覗いているとボール箱の中に何か光る空ビンを見た。「ラム」と言ったとたん片手が出た。闇市で最も危険な話し合い。観光バスの中まで持っていくと、老人が二本隠して持ってきてくれ、十二ドル払った。二ドルはチップ。自家製のおいしいラムをバスの中で、皆と飲んだ。チーズで飲むとお昼のサンドイッチがいらなかった。

四百年以上に亘る植民地キューバの産業は、鉱山、農業、売春。農業でも砂糖、タバコ、カクタス植物が輸出品。カクタスは合成ナイロン繊維の発達で、一番初めに輸出産業から脱落。砂糖は、旧ソ連や東ヨーロッパへの輸出が半減し、アメリカは輸入禁止を続けている。シガー（葉巻）が、有名であるが、タバコ規制運動に押され、銘柄高品は一箱八十五ドル～百二十ドルと高い。ヤミでは二十五ドルだったので二箱をお土産に買った。シガーを造る家内工場を見て、高くなる理由も分かるが、公定価格と闇価格の差の開きに驚いた。

スポーツはカストロ大統領が国家主義高揚の為、あらゆる方法で奨励している。オリンピックや国際試合には国運をかけて勝たなければならない。かつての共産主義諸国のように、小さい時から、素質のある選手を特別な学校に入れ、軍隊式の教育とスポーツ技術を習得させるエリート養成。国際競技大会で優勝すれば、昇級し、待遇もよくなり国民の英雄である。バラデロ市博物館では、オリンピック優勝選手が英雄視され、革命家と同じように大きく写真に飾ってある。チームワークの必要なスポーツで、バレーボール、サッカー、野球は国家のスポーツ。なかでも野球はカストロ氏の肝入りで、国技。野球場は何処にでもある。

アトランタ市ボルトモア大リーガーと全キューバ選抜野球大会が、三月二十八日午後二時に開始。この国際親善試合は、元大統領、ジミー・カーター氏とCNN会長のテッド・ターナー氏の支援で実現した。カストロ大統領の始球式と祝詞。五万人以上の大観衆のわれるような大歓声。ホテル内でランチを食べながらテレビを見ていると一人が話しに来た。約百ドルもする入場券は八月前に売り切れたとか、カラー・テレビは観光ホテルにしか無いとか、アメリカのニュースやプログラムはほとんど大きいホテルで見られるとか。多くの市民はラジオにしがみついているだけで、可哀相だとか。私は嫌気がして自分の部屋に帰ったが、テレビ普及は後進国のようだ。アメリカが三対二で勝ったが二塁審判の判断ミスではないかと思われる勝ち方。もし審判がセーフと判断していれば同点になり、延長戦。後腐れの悪い試合で、キューバ人であった審判は今はどうしているのだろうか。翌朝、セントラル広場では、多くの野球ファンは審判に不満で議論していた。テレビでリプレイを見て、解説者の意見を聞いていれば、審判の誤り。然し、大きな抗議もなく、審判の判断に従うキューバの監督。私はキューバチームのスポーツ精神に感動した。

ヘミングウェイとキューバ

キューバはモノ・カルチャー農業から、観光とサービス産業に切り替え、十七世紀時代の遺跡、建築物、絵画等を改造、修復をやり本を英語で発行し出した。退廃し見捨てられた古い町全体を改修し、建物を補強する為、国を挙げてやっているが、財政面はもちろん、材料、職人面でも不足で、計画通りには進んでいない。ところが、アーネスト・ヘミングウェイが住んでいた通り、ホテルの改装や修復も完成し、彼の部屋を見たい観光客が後を絶たない。五階建てのホテル、エル・フロリデタで、ヘミングウェイのよく飲んだバーで一休み。彼が名付けた「ダイクイリ・スペシャル」を飲んだ。「モヒト」よりおいしかった。

このホテルには、国交がある国の国旗を揚げているが、それがきれいにはためき、国際的作家の居場所として似合っていた。屋上のバルコニーに座って、植民地時代の要塞を眺め紺碧の海を見ながら、ラム酒を傾け、世界から集まってくる記者や文士と会話をし、大きな太陽がゆっくり沈んで行くのを題材にした『流れの島』を読みたくなる。彼の色々な形見、特に胸像が印象的であった。

キューバ人はアーネスト・ヘミングウェイを「パパ」の愛称で呼んでいた。が、カストロ大統領は文豪ヘミングウェイを利用しているのではないかと思うことがある。ノーベル文学賞を授与されたパパは、キューバ滞在は長く、多数の作品の中でキューバを題材にして、『老人と海』を書き上げたが、その時代はバウティスタ軍事政権。非人道的で最も腐敗した政権であった。パパ、ヘミングウェイは、キューバ革命を支持しなかったし、共産主義崇拝者でもなかった。彼の作品は、野生的人間の性格と自由を主題にしたものが多く、アフリカ、アジア諸国の独立戦争の従軍記者として活躍し、戦場の生死に彷徨う兵士の悲劇を描いた究極の人間像で、革命それ自体ではなかった。作品にはバーティスタ独裁者を直接に批判したものはない。ヘミングウェイはキューバをこよなく愛したのは、南国の美しい自然、黄金の海岸、キューバ独特のダンサーや音楽。そして、カジキ釣りと「ダイクイリ・スペシャル」であった。

文豪ヘミングウェイとカストロが一緒に撮った写真が観光ホテルに掛けてあるが、パパ、ヘミングウェイの本心ではないだろう。革命後（一九六〇年）、パパはキューバに帰ったが、毎年主催していたカジキの魚釣りコンテストを主催するためであった。一九六一年四月、アメリカCIAが作戦したベイ・オブ・ピッグスのキューバ奪回に大失敗したアメリカ。それでヘミングウェイの住宅、遺産等が約束に反し没収され、彼の失望は大きかった。その当時は、彼はアル中で人生のどん底でもあったが、キューバでの遺産を失ったことが一九六一年七月二日テネシー州ケッチャムでの自殺に追いやられた原因かもしれない。

おわりに

バラデロ滞在最後の午後、元デューポンの大豪邸へ行き隣接しているゴルフ場へも見に行った。この四階建ての大マンションで世界の富豪が集まり、博打、セックス、ゴルフ、ダンス、音楽、映画鑑賞等の贅沢放題。ウィンストン・チャーチル等ヨーロッパの政治家達は世界の運命を決める話し合いの場。ヘミングウェイもよく訪れ、四人目の奥さんメアリとは兄姉の付き合いだったデューポン。ゴルフ場が超一流ならダイニングルームや食器類も超一流。ナポレオン時代のユーテンシル。パリのシャンデリア。フランス系のデューポン一族がアメリカで富をなし、税金逃れに開発したリゾート地バラデロの財産が没収されても、今まで観光名所となってドルを稼いでいる。もう一つの歴史上の皮肉はレーニンの写真が豪華な酒場に掛かっていて、我々観光客を睨んでいること。生音楽もキューバのオリジナルからアメリカのジャズ等リクエストに応じ聞かせてくれる。

私は、新聞記者三人とここで夕食をした。テーブル四人だとかなり待たされることは覚悟していたが、七時から始まる夕食の一番初めだと聞いてお互いに顔を見合わせた。モグリ運転手の計いであることが帰りに分かり、チップをはり込んだ。三人のマルハチ（ミュージシャン）は、坂本九のスキヤキソング（上を向いて歩こう）を演奏してくれたので、私は歌った。三日前に楽譜を取り入れたと言うが、これもモグリのタクシー・ドライバーの差し入れだろうか。ドイツ人記者のリクエストは、ロシアの「ドナウ河」だったので皆で歌った。その楽しさは支払いの時に吹っ飛んだのだが。

このように観光事業を経済の基盤とするなら、もっと安くなければならない。公共のレストランでも外人用が主で、値段はドル表示。ドイツ人記者は、私以上に細かいノートを取り、報道するのだと言う。国際化はドル化ではない。マルクも入れないと。ドル不足のキューバにとっては、アメリカ観光客は大切なお客さま。それがやっと年間二万八千人位。それも半分以上は、第三国からのもぐりで、元キューバからの亡命者。ヨーロッパからは主にスペイン。次にフランス。イースター・バケーションでもカトリック系観光客も少なかった。高過ぎるからである。近隣諸国の市民もちょっと来られない。

今年四月からロサンゼルス空港－ハバナ間に直行便が飛ぶことになった。マイアミとニューヨークからは、キューバに親類がある者に限られ、原則的には、それ以外の旅行者は、米国政府の特別許可が必要であり、キューバのドル箱にはまだまだ時間がかかる。観光事業には観光するポイントがなければならない。安定した政治、魅力ある経済発展、美しい自然と密着した独特の歴史、文化、遺産等。キューバ人共和国には、現在ではそれらが欠けている。共産主義社会に内在する矛盾と表、裏の二重構造が国民生活の中に現れている。カストロ政権以後はどうなるか誰も知らない。高度の情報規制をする現政権も観光事業には開かれた情報と温かいサービスが無くては完成しないこと位は、熟知していると思う。然し、それは無理であろう。アメリカは現在もカストロ暗殺を企て、C. I. A.（アメリカ中央諜報局）の活動を続け、キューバにあるグアンタナモ海軍基地をますます強化し、パナマ運河撤退後のアメリカにとっては、この海軍基地をラテン・アメリカでの最大、最強の基地としている現実を無視することができない。アメリカの軍事的帝国主義は、キューバのようにアメリカに盾突くと、そのしっぺ返しも大きくなるが、アメリカ人の良識と相互理解で解決しなければならない。

完　　平成十二年一月二十一日

特別寄稿　「NAFTA」を追って雑感

カリフォルニア州立大学サクラメント校教授
林ヶ谷　昭太郎
（若狭高校第四回商業科卒）

十二月二八日、朝六時五〇分発の飛行機アメリカ・ウエスト二一六四便はサクラメント国際空港をアリゾナ州へ向けて出発した。アリゾナ州のフィニックス国際空港には予定より少しは遅れたが、メキシコ・シティーへ出発する十一時五分のアメリカ・ウエスト二〇三二便には充分間にあった。フィニックス国際空港はラテンアメリカ諸国への玄関と言われるだけあって、非常に大きく国際線のカウンターまで歩くこと十分。寒いサクラメントから常春のアリゾナ州へ来ると汗が出はじめた。同じ西部沿岸で気温の差に気付き、時計を一時間早めた。メキシコ・シティには四時二〇分に到着。税関手続に二〇分もかかっただろうか。私の旅行カバンは三つとも全部調べられた。税関係官は「ハポネスか」と聞いたので、「アミンゴ」と答えた。日本人であれば、税関は素通り出来たのにアメリカ市民である私は、女性係官の印象を悪くしたのであろう。アメリカ人はメキシコでは余り人気はないらしい。リーダーのサンタナ博士は、サクラメント大学外国語学科のスペイン語教授で、三年前からスペインかメキシコ行きを勧めてくれ、それで、NAFTA（北米自由貿易機構）成立五周年の節目にメキシコへ行くことにした。

メキシコシティで

メキシコ・シティは、メキシコの国の首都である。メキシコの国にメキシコという名前の州があるから、よく間違えられる。メキシコ・シティ首都の空港からバスにゆられて、ホテル・キャシドラルに入った。古風で十八世紀のスペインを想い出させる立派なホテルである。

バスの中で旅行案内書をもらい、説明を聞くと飲料水は、(1) ボトル水か沸騰した湯、(2) その水がない場合はコカコーラ、ビール、ソーダ類、(3) 歯をみがく場合でもボトル水を使う、(4) 乞食にお金をやる場合、沢山の乞食がどこからともなくかけて来るから、小銭を充分用意しておくこと、(5) 公衆便所でも一、ニペーソの小銭が要る等と言われるとメキシコでの十八日間の滞在に不安を感じた。

夕食までに時間があるので、昔の大統領府宮殿広場へ観光に行った。雄大な宮邸に入ると、儀じょう兵は閲兵等の訓練をし、吹奏楽を鳴らしていた。五時にはメキシコ国旗を下ろす儀式がある。それまで、宮殿の壁画を見ることにした。ディエゴ・リベラのグラン・テノチティトランをはじめ、ホーセ・クレメンテ・オロソコのカターシィス等の壁画を鑑賞していると、一五二一年以後、スペインの侵略、植民地化に対する反抗、反乱、革命、独立戦争、遂に平和。それらの失敗、虐殺、戦争の繰り返し。人間の極限の犠牲で闘って来た歴史が一目瞭然に分る。メキシコ人のプライドが血肉の中にあるのがよく画れている。「殺人の平野」と「武器よさらば」の映画を思い出さずにはいられなかった。

五時前にラッパが鳴り響いた。観光客はあわてて階段を降りて行った。メキシコの国旗は一八二一年に採用され、緑は独立、白は宗教、赤は連合制を表わし、真中にあるイーグル（鷲）はヘビを咬み殺した画で、アステック先住民のシンボルである。二〇米の大国旗がゆっくりと吹奏楽にかなでられ、降されて来るのを見ると厳粛さの中にも、別の意味を加えて解釈した方がよいと思った。赤は人間の血、緑は水であり、白は平和であると。

儀じょう兵の一隊が宮殿に国旗を肩にかかげて入ってくる。その背丈の低いこと一米六五位だろう。近くで見ると日焼けした勇しい顔が小粒なので、アメリカで見るホワイト・ハウスの儀じょう兵と比較してしまった。

大統領宮殿を真中にして左右に立派なゴシック風の建物、教会が並んでいる。クリスマスが終わった二八日でも大きなクリスマスの飾りが広場で輝いていた。メキシコの音楽は底抜けに明るい。ジングルベル等は二五日までだそうだ。この装飾は一月十五日まであると言う。又、一月七日（火）には、ラテンアメリカ特有のThree Wise Men（三人の賢者）は良い子供達におもちゃと贈物を持って来る。その日はもっとにぎやかで、楽しいお正月なのだ。歩けない位いの多い群衆を避け、写真を撮っていて、我々のグループを見失ってしまった。ホテルは近くにあるので、来た道を戻ればよかったのだが、冒険好きの私は裏道を通って帰った。

乞食、屋台売り、道路にテレビ（白黒の）を持ってきて生活するホームレス・ピープル、お金をくれと言って頭をさげる母子の姿が目にぱっと入ってきた。広場から二ブロック離れた道路脇に極貧の別世界を見た。人糞、犬の糞が歩道にも並んでいた。かっての立派な大邸が放棄され、貧困者の軒貸しになって、ダニの巣のようだった。小銭のあるだけを一人一人にやり、特に母子には二〇ペーソの紙幣をやると「ハポネス・ムッチョ・グラシアス」という蚊の鳴くような声が返ってきた。夕食のホテルでの集合に二〇分位遅れ、皆んなが心配していたので詫びた。帰えり道の出来事を説明すると旅行業者兼教育プログラムの責任者、ポール・バードウィルは「ユー・アー・ラッキィー・フロム・ナウ・ユー・アー・ハポネス」だと。「あなたは幸運だ。これからは、日本人で通せ」と言うのだ。初めは大きなお叱りを覚悟していたのであるが、意外な人気者になった。アジア等で悪く扱われる日本人は、メキシコでは日本人株がずっと高いのだ。それは、一五六〇年代カトリック教ミッションが日本に渡ったことより、神道、習慣、言語体系、体つき、顔がよく似ているからであろう。太陽、月、星、水に対する観念もよく似ている。日本の埴輪はメキシコのそれにそっくりだ。

夕食は八時半だった。サンバーノンという高級レストラン。私の三週間前の準備、即ちメキシコのテキラーをがぶ飲みする時がきたのだ。この強いテキラーを三杯飲めば、夕食（一二〇ペーソ）がただになる約束でサクラメントを出発しているので、ハポネスの意地にかけても三杯つづけて飲まなければならない。一杯飲んで、とてもおいしいのに驚いた。本当においしいテキラーは日常生活の中に入ってこないのである。二杯、三杯と飲んでしまった。ライムをしぼり、塩をなめるというややこしいテーブルマナーをも知りながら、三杯はあっと言う間に腹の中。メキシコ生れ、育ちのジョジ・サンターナ教授の顔はまるつぶれ。研究、調査、勉強グループを引率するサンタナー博士に感謝してカンパイをし乍その場を繕った。それから、私は「ハポネス・タイガー」に仕立てられた。

メキシコでは、豚のように喰い、馬のように飲み、タイガーのように行動する人が成功すると言う。私はその二つは合格。三つ目は未知なのだ。それは行動画で合格のシグナルを出してくれていないからである。テストは幸運にもすぐやってきた。メキシコ・シティで一泊し、次の朝八時にタスコへ行く旅行スケデュール。私は六時に起きて市内見物。それは、あの汚ないゴミの市内をどうするか気になっていたこと、それに新聞を買う為。

当市内発行の英字紙を五ペーソで買い昨夜通った帰えり道を歩いてみた。思っていた通り、道路わきに寝ていた。犬がほえだしたので、それ以上先は行かなかったが、三、四〇人はたむろしていただろうか。彼等の生活は十時頃から始まる。朝が遅いし、夜は十二時頃までは宵の口。シェスターがなければ、こんな生活はできないのであるが…？

メキシコは現在でもスペインの影響を強く受けている。約五百年の植民地支配下で変わらなかったのは、自分達の顔とトーティアスだけだと言われる。シェスターは二時から四時まで、ほとんどの店は閉められ、官、公庁の玄関の鉄の扉も閉鎖され、昼食と昼寝をする。従って、昨日の山のゴミがどうなっているのか気になった。観光地の大通りは夜の内にきれいに掃除されていたが、裏街道は汚なく、悪臭が鼻につく。メキシコ人も日本人の表向きと裏向きを上手に使い分けていた。朝刊を買ってホテルで朝食。オムレツのおいしいこと。食事は思ったより安かった。(五六ペーソ)。

朝八時にタスコへ向けて、バスが走った。昨日の運転士がこれから四日間観光案内をしてくれる。ペテロと言うありふれた名前なのだが、私にはとても親切だった。水のボトルの大中小、フランス製のボトル水、メキシコビールの良し悪し、良いテキラーまで教えてくれた。彼の好きなテキラーを飲んでみるように勧めてくれたが、マンニャノー（後で）と言って笑った。

途中、市内観光をした。世界一大きいメキシコ国立博物館は、月曜日が休みで二週間後また来ることになった。ハード・ロック・メキシコ・シティで昼食をした。一時からの開店なので客が並んで待っていた。スペイン語が話せない私も、メニューは読めると言いながら値段の高い品を注文して食べているとショー（私のニック・ネーム）のセレクチョンがいいと誉めていた。旅行や西洋料理の会食の時は値段の張る物を食べれば間違いなくおいしいという体験と知恵なのだ。今だかって、フランス料理などは、名前と注文した食べ物が一致したことはない。ワインだけは不思議に名前と味が合うのだが…？。支払の時になると、値段と味の比較をしてしまう。高級レストランではないが、ハード・ロックは若者の集まる場所。サクラメントにも開店したので昼食に行ったことがある。メキシコには三店ある。ジャズを聞きながら、ジョンレノンと洋子・小野の流行歌を覚えようとしているところに、「Are you the Japanese?」という問いが後から聞こえた。「"Yes", before, but "No," not now」と応えるのを聞いて、「It's Pitty」と吐き捨てるように言って出て行ったメキシコ人は何を話したかったのだろうか。

タスコからアカプルコへ

昼食後タスコへ直行した。きれいな大きい観光バスであるが、便所付きのバスはメキシコには少ない。メキシコ・シティーから、観光地タスコまで、約二時間かかると言う。この店は昼食ときれいな水洗便所でゆっくり用を足すためであった。その外に、NAFTAのことを尋ねるため、店主に会った。彼にとってはNAFTAは不要と言う。アメリカのフランチャイズ店の場合でも大企業や銀行でない限り大きな利益はない。この十九世紀初頭のユニークな建物の改造資金は自分の資金で、フランチャイズ権利も高かった。五人目に会って初めて、「NAFTA」という言葉の実体を知っている人だと思った。もっとゆっくり話したかったが、観光バスに乗らなければならなかった。乾燥してほこりっぽいメキシコ・シティへは又来るので、観光らしい見物もしないで、タスコへの二時間の旅は意外と短く感じられた。

メキシコの国道ハイウェイはほとんど山上を走るので、高い山では二五〇〇米の頂上を走る。耳鳴りと息切れがする。はき気と車酔いで、途中停車も一度あった。私は揺れ動くバスにも困らず、タスコの旅行案内書を読んだり、道路に沿って立っている貧しい集落の写真を撮ったり、ハイウェイの山道をロバに乗った先住民の群れを見たりしていた。タスコは一五二二年に錫と銀を求めて来たスペイン人によって征服され、エル・リアル・デ・テッェシンゴに町を造り、十八世紀の中頃まで栄えた都市である。銀発見者のホーセ・デ・ラ・ボルダが、サンタ・プリスカ教会を建てた。今日では、銀の装飾品店と絵のように美しく荘厳に銀で内装されたカトリック教会が、観光の目玉商品である。山上に建設された町はスイスのウイン等を思い出させる。狭い石だたみの道が曲がりくねって、目先が見えない。急な坂道を歩いてサンタ・プリスカ・ホテルに着いた。多くはタクシーに乗って上がったが歩くのに慣れている私は自分の力だめし、Act like Tiger —「トラのように行動する」自分を誇示したかったのである。タクシーはメキシコ・シティーと同じく、V・W・ビートルとワゴン車で、メキシコ・シティーの緑に比べて、白色。エンジンの音が大きい上によく故障していた。ドイツ車が二大観光都市の八〇％を占めるという実態を知り、NAFTAによる自由貿易の競争関係の一端を感得した。

夜の三時から花火があがるから見るように言われていたが、その夜は疲れていたので、ホテルで夕食し、サンタ・プリスカ教会でお祈りをして直ぐ寝た。観光案内の絵はがきにもある高級で伝統のあるホテルなのに夜遅く帰ってシャワーを取りたくとも湯が出なかったと文句を言っていた我々のグループ。ホテルの案内書に「十二時以後湯が出ません」と小さく書いてあるのを見せてやると、「Sho, You are a Tiger」だと認めてくれた。翌朝、九時から始まる朝市、軒並みに店を出す公設市場と銀装飾品店へ行った。「ディスカウントをしてくれ」というスペイン語を覚えていたのに本番で使えなく困っていると、店主も心得えたもの、指先で二〇％はまけるらしい。三本の指を出した時、「You are the Japanese. O. K.」と英語で返事。気抜けしたというより日本人の顔が物を言うメキシコなのだ。三〇％の値引きだったか分からなかったが、四五ドル位で買ったネックレスが、サクラメントのメーシー店で二八〇ドルの値段が付いていたのを思いつつ二本買った。

朝市の特色は、よい物を安く買えるばかりでなく、人が少ないことにある。ところが、朝食をしようと広場の上にあがると人が一杯。観光客のたまり場だった。野菜が不足していたので、ニンジン、タマネギ、セロリー、バナナ、トマトをミックスしてジュースにしてくれと頼むとタマネギはないと言う。それではリンゴを入れてくれと注文すれば、シンコ（五ペーソ）高くなるのだ。それはおいしいジュースであったが、ニンジンとセロリーは水で洗っているので、すぐに「ペプト・ビスモ」の下痢止め薬を飲んだ。朝市では乞食は少ないと聞いていたが、狭い路地では、そこが塒（ねぐら）の役割を果しているのだろう。お正月を控えた稼ぎ時なのだろうか。朝市の探索も思ったよりスムーズに行ったと思って前を見た瞬間、度肝を抜かれた。鶏と豚の屠殺場から来たばかりの本体そのものが私達の足元に投げ落されたのだ。豚や鳥の顔が生きていて目玉が動いた。その日の昼食は、喉に通らなかった。それでもNAFTAの調査は止めなかった。

タスコからアカプルコへ行った。十二時のスケデュールが、トラックの関係で一時半になった。荷物だけハイウエイまで運ぶトラックが渋滞で遅れたらしい。それだけ高い山の上に町があると言えば、きれいごとになるのだろうが、メキシコでは時間というのは約束ごとであっても一つの目安と思えばいい。本当に時間を大切にする国民がいるならば、アメリカ人、ドイツ人と日本人だけではないだろうか。或る友人はユダヤ人を入れるべきだと言う。他の人は、反対である。彼等の行動は宗教によって動かされ、宗教の名の下に自己を犠牲にするのではなく、他人を自分の時間に合させようとする高慢さを持っていると。

タスコからアカプルコまでの四時間は、歴史を知る上に役に立った。旅行案内書を読み、皆の雑談にも加わった。スペイン帝国からメキシコが「新世界」と呼ばれ、将軍が知事として支配した。階級制を維持した中央集権の徳川幕府に似ている。カトリック教は軍事政権の根本的な支え。一八二一年に十年間にも亘る独立戦争後、遂に独立したメキシコは、一八四八年にはアメリカがフランスと連合してメキシコを侵略し、テキサス、ニュー・メキシコ、アリゾナ、カリフォルニア州を取ってしまい、現在の国境になった。それ以降、アメリカへの従属。独立とは名ばかりであった。一九一〇年にはアメリカ資本主義支配に対して反乱が起こり、多くの犠牲者を出したが、鎮圧された。表面上、内紛の鎮圧であるが、一九一四年にウイルソン大統領が軍隊を送り、ベラクルーズを占拠した。カイライ政権のコランサは、一九一六年、大統領に認知されたが、内紛が一九二〇年まで続いた。アメリカ政府が、コランサの第一次大戦への不参加を理由に支持しなくなるとアーバロ・オブレゴンに暗殺され、オブレゴンの革命が成功した。その後も一九五〇年頃まで、アメリカの従属国家として世界から蔑視されてきた。

タスコからアカプルコへ行く途中、オルド・バシリカとニュー・バシリカ教会を見学した。メキシコ・シティーが湿地地帯に建設されたので大教会が沈んだり、傾いたりしている。オルド・バシリカはパリーのエッフェル塔のように左に傾き使用できない。その隣に造られたニュー・バシリカは、オリンピック・スタジアムの様で重厚な印象を受けなかった。その教会へチアパス殺害に反対するデモ隊が二百人ほど膝で歩いてゆっくりと上がって来た。ロザリオを手に持ち、お祈りを唱え、土色の顔をした先住民である。チアパス州では先住民と州兵軍隊との衝突、殺害は絶えない。先住民解放同盟の要求は、住民自治、人権の確保、財産の公平な分配、生活の改善、社会保障制度の設立で、生きる為の最低の要求である。

チアパス州アクテル村の殺害事件は婦女子三六人、男九人、重傷害者三一人という。先住民の間には、縄張り争いは今も続いている。隣村のチエナルホからの私兵四〇人位が覆面をして村人を銃殺したのだ。その計画には、州警視長や市長も参画し、銃の運搬も黙認していた。直接の原因は色々報道されているが、一九九四年一月に国民民族解放運動のグループが、先住民生活改善を要求して武装蜂起し一五四人が死亡、多くの犠牲者を出しながら三か月間、州軍隊と対決した。新大統領、アーネスト・セディオの特別仲裁で、一応、平和的解決策が合意されたが、実行が遅れていた。貧困にあえぐラス・アベハス。俗に「蜂」と呼ばれるのは、蜂蜜栽培が収入源であるからとも言われている。

チアパス州では保守派の大地主、鉱山業者大農業主、石油開発者、政治ボスの拠点で、植民地時代の階級制度や社会、政治、経済機構を固守している。ビジネスは、親分、子分の縦関係で行われ、その資金をヨーロッパ人が握っている。先住民のマヤ・インディアンは高山地のジャングルに居住し、トゾチル語を話す。

チアパス州は、メキシコでは国際的にも大切な中央アメリカの表玄関。天然資源は豊かで、近隣都市へ水の補給。水力発電では国全体の二〇％を供給。一九八〇年代に発掘された石油、天然ガスは国有企業の国家収入源。気候に恵まれ、農産物も豊か。ところが原住民の生活はインディアンの芸術品、マヤ文明、遺跡の観光事業のおすそ分けで生きのびている。先祖代々の大平原が没収され、電気、電話、便所もない掘建小屋。小学校は教会でやる。

一九二四年の独立から一七四年間のチアパス州を振り返れば、知事は一五四人と短命知事。最近の三年間に四人の知事更迭。インディアンは、三百年以上もメキシコ政府と対立し不信を持ち、非協力ばかりか中央政権の拒否をしばしば行い、他の民族を受け入れない隔離した自治を採ってきている。混血児を受け入れず、子供の教育は二年生まで。十三才になれば、結婚させるという習慣。今度の事件も部族同士の殺害であれば、大きな問題になっていないのだ。政府与党（P・R・I）の市長や州警察が絡んでいたので、国際的なニュースになった。セディオ政権はいち早く、市長解任、知事辞職、閣僚の入れ替えをやり、どうにか鎮静を保っているが、いつ再発するか分からない。先住民解放同盟は三つに分かれ、約二八万人のシンパが居るのだ。

アカプルコには、夕方六時に着いた。山上からはアカプルコは絵に画いた美しい町。フランスのリベエラを想像して、明晩は観光クルーズに八時五〇分から行く。大晦日は観光船でという洒落た旅行。NAFTAの事がよく分っている旅行者もいるに違いないと思っていた通り、カナダからビジネスマン夫婦が二組、隣りに坐っていた。色々なショウやエンターテーメントがあり、おいしいシャペンや料理の合間に語り合った。

まず、NAFTAはコンセプトかビジョンかに就いて意見が分かれた。唯、コンセプトと言えば、現実的で、ビジョンと考えれば、現実を越えた未来の展望も自由貿易機構の中に入れられ、二一世紀へ向けたグロバライゼーションが国家政策の基本。二番目に、我々のような中小輸出入業（衣料品商）者はNAFTA成立後、メキシコの生産コストが上がり関税低下の恩恵はマイナスになった。三つ目、両国間の貿易はメキシコの経済体質ではカナダの危険負担が重く、カナダ国民の多くは、NAFTAの本質をよく知らされていない。私の調査は無駄な浪費にならないことを祈るとしめくくった。十二時の警笛―ドラの鐘を聞きハッピー・ニューイヤの大声と共にダンスが最高潮。子供以上にはしゃぎまくる西洋人、底抜けに明るいメキシコ人夫婦。アジア人は二人。一五〇人位のお客さんの中には黒人は一人もいない実情だとメキシコにおける黒人の人権向上はまだまだアメリカと比べられない。ホテル・アカプルコ・トルツガに夜一時半に帰えった。花火を見て、「蛍の光」をラジカセで聞く若者群衆がホテルの道を歩いていた。それぞれのコーナーに立っている警官の数が昼より多くなっていたが、新年を迎える国際観光都市にはきらびやかなネオンサインと調和していた。

ニューイヤーズ・イブの昼はプリンセス・ビーチに泳ぎに行った。海は青々とビーチの白い浅瀬はどこまでも続いていた。波の押し寄せが高く強いので、毎年サーフィング世界大会が行われると言う。十時過ぎにビーチへ来たので、車は多くなかったが、大人や子供が二〇人位かたまって待っていた。婦女子がパーキングの横で作るトーティアス等を食べている者もいた。通訳に聞くと彼等はパーキング・スペースを占拠して、そのスペースをやり車を磨くのだ。一台二五ペーソも取る。水はビーチの井戸水だというが、あの塩分の濃い水で洗うのだろうか。総元締めらしき大男は、子供達に色々と指図していた。ビーチにも別の大男が見張っていてテーブル、葦葺きの小屋、椅子、飲食物、小売品等の販売管理をやっている。三、四人の若者が、彼の指示通り動いていた。別グループの売子が来るとすぐ追い返えされる。日本のヤクザ組織と似ているようだ。この組織は、メキシコ経済組織の縮図と看てよいであろう。便所があっても、上がり水がないこのビーチ。メキシコでは何か欠けている感じが強かったが、それも長くいればなくなると言う。本当だろうか。

モレオス州の首都クエルナバカで

一月一日一時にクエルナバカ市へ向った。クエルナバカ市でホームスティをし、十二日間、語学研修、文明、文化や生活に馴染む大学の冬期講座に入っているから、好まなくともついて行かなければならない。バスの長旅には馴れてきたが、ホームスティーの不安は少しあった。クエルナバカの旅行ガイドを読み、地図でその位置を調べた。バスはタスコから来たハイウエイを走っている。坂道を登って行くバスのエンジンはすさまじい。アカプルコで見たタクシーはシェボレーとフォード車が多く空色だった。クエルナバカ市は何色だろうか。クエルナバカ市はモレオス州の首都。標高は一五四〇メートル。人口九〇万。メキシコ・シティーからバスで一時間半。建築物は中世期の豪華な住宅、州庁舎があり、歴史の古い町。バスは市内に入ってから、急に細く挟い石だたみの曲りくねった道路をガタゴトと走った。六番目に大きい都市に大学は二つあり、教育も高いと言う。山腹に建てられた住宅街。澄み切った青空。異様に高い白壁の上にガラスやワイヤーで侵入防止。鉄棒の玄関扉。その奥に家の戸。犬が二、三匹吠えていた。これがバスの中から見た印象だった。それが、実際に的中したのは、GET–Travel–Mexicoの社長宅前にバスが着いた時であった。メキシコ・シティ国際空港での出迎え、五日間の旅行案内の気の配りよう。英語が上手なメキシコ美人で親切な添乗員はポール・バードウイルの妻だった。車が車庫に入った時、妹のチェリーが三匹の犬と一緒に我々一行を心よく迎えてくれた。二五人の研修生には、弁護士、教授、先生、医者、コンピューター技術者、看護士、音楽家等いて、年令も六三才の私を頭に二四才の新婚カップルもいることが分った。皆はそれぞれのホームスティーに二人一組で入るので、名前が呼ばれ、新しい家族と去って行った。私とコンピュータ技術者の名前がなかなか呼ばれないので、ボトル水を飲みながら椅子に坐っていると「ハポネス・タイガー!! You are with us, hare!」の大きい声。それはポールだった。ヴェトナム難民のコンピューター・エンジニアとホテルでも同室だったから「ヘイ」との十二日間、一緒に暮らすのに心配はなかった。ベトナムのボート・ピープルだと言って過去の家族、日本人のベトナム侵略、ホーチンミンの南ベトナム虐殺等よく話してくれたが、一つ弱点があった。夜寝られない時は余り飲めないビールを五、六本も飲み、ベトナム戦争の怖い夢を見て寝言を言うことだ。人も良いが、苦労の仕方が余りにも違うので意見の相異もあった。我々の部屋は大きいので、ベッドはかなり離れているが、私も寝むれない時は地下の別室に行き本を読んだ。

クエルナバカは一五二〇年まで、メキシコ中央部を支配したアステック先住民の領土であった。モクテサマ一世が、キューバーから侵攻して来たスペインのヘルナン・コルテスの支配下にいとも簡単に落ちたメキシコの歴史は記録にない。一五五〇年代頃に二四人、メキシコからフランシスカン神父が日本へ宗教普及活動に出航している。一五九七年には十字架で処刑された記録を確かめたくコルテス博物館を二度も訪れたが、その壁画も見つけられなかった。

この都市は、コロンビア時代の遺跡が残っている。その中でも大きなアトラクションはテオパンソーコ（メキシコ語で、「破棄された神院」）であろう。一二五〇年～一五二一年代に建てられた寺院で、一九一〇年のメキシコ政府軍と先住民独立サパタ反乱軍の戦いで、その高い石山の上にある寺院が何であったか分かった。それは古い文明都市、タフイカとアステック建築スタイルの二つのピラミッドが互いに圧倒した形で、聳え立ち、別々の石山がその寺院なのだ。強大で直立不動の石山の高さは二百米以上のカスケード岩石で出来ていて、隣り合せにそそり立ち文様もある。その直中にできた石段の山道がきれいに整理され、登るには急な傾斜を除けば、石段を登ることができる。最後の鉄棒の階段は三四度位ある。身体をすりつけるようにしてよじ登った時、冷汗せが出てきた。普通には一時間半位で登れるのだが、私は二時間もかかった。何度も休み、高度に慣れ、空気の希薄に順応することが私には必要だった。岩山の頂上にたどり着いた時、若者の歓声と喝采がボーと聞こえてきた。二、三人の日本人観光客を見受けたが、参観者の多くはメキシコ人であった。お正月の最後の休みを利用しての参拝であろうか。

頂上によじ登ってガイドのチェリーの説明を聞く。石で積み重ねられたお棺の壁に刻まれた兎の頭、太陽の神、風の神、煙の鏡を祭り、お祈りしたとの伝説。高い石山の上に寺院として造られた大きい石碑。神秘性がおそいかゝる深い霧、強い風、眼下に見える小さい町。その寺院を保存しなければならない政府の無関心さ。矛盾の多いメキシコ政府だ。

入場料は一人二ペーソ。それを倍にして衛生管理などをしてはどうかと聞くと、「この神聖な神殿に先住民が来られなくなる」と言う。「あなたのような観光客のためにあるのではない」とのお叱り。メキシコ・シティーにある博物館等、多くの国、公立美術館や博物館は日曜日には無料だったのを思い浮かべると彼女の説得力に負けた。まだ時間があったので、サン・フラシスコ・ザビリオ神院にタクシーで行った。その町にも、「汚職反対運動」の大きい垂幕が掛っていた。国をあげての政治、官僚汚職のキャンペーンを見ると、日本も率先してやる必要がある。政治汚職、金融界の横領や詐欺、総会屋の悪質な犯罪、その尻拭いを国民の税金でする政府等を考えればメキシコと同じ。メキシコは二〇〇〇年には大統領選を控えているので、汚職と犯罪を一掃する方針だ。困難であるが、政治改革としてやる。

旅はいつも「往きはよいよい、帰りはつらい」の諺のように疲れる。深い眠りの中で「Sho, Wake up! 昭、起きよ！」と言われた時は六時半すぎだった。八時半の夕食が、もっと早くならないのかと口走ってしまった。ホーム・ステイの家ではあわてて夕食を作ってくれ、七時すぎに食べられたが、それが、最初で、最後だった。すべての時間は我々より二時間おくれていると思ったり、二時間早すぎるのがアメリカだと。アリゾナ州・フィニックス空港で一時間早めた時計の針が笑っているようだった。八時の起床、九時の出勤、二時過ぎの昼食、四時まで昼寝し、又、出勤、八時過ぎに帰宅、その後晩御飯、十二時すぎ就寝なのが日常生活のパターン。昼食は一番大きく大切。ワインを飲めば眠気をもよおす。四時からの仕事に支障をきたすのか、日本電気などは昼食を支給し、給与ベネフィットになって好評。

NAFTAとメキシコの現状

NAFTAの調査をやっていて、メキシコ市民にとって、NAFTAは何か、又、利益になるのかの質問は誰に尋ねても納得する解答は返って来ない。政府関係者、大企業、銀行家、不動産、観光業者等に反して、小売店、レストラン、サービス産業はしぶしぶO. K。一般市民はNAFTAの実体をほとんど知らない。三者三様の受け取り方で、極端な結論になる。

政府関係者はNAFTAによる外圧で、メキシコ政府、経済の大改革を遂げ、メキシコのアメリカ従属化を立ち切り、国民に自覚と国際化の動きを理解させ、経済の活性化を計れば、国民生活は向上すると。ところが、現実は、NAFTA条約成立後、アメリカへの従属性が、経済貿易分野で、増々著しくなってきた。例えば、メキシコにある大企業一〇〇社の総計で、三分の二がアメリカ企業主、資本構成も半分がアメリカ資金で、メキシコ人のオーナに登録されていても、実体はアメリカの大企業主が実質的な特株主。政府規制で四九％の外国資本も、現実には、その規制は無きに等しい。NAFTAはアメリカ企業にとって大変良い自由貿易機構となっている。

銀行、保険、証券会社はNAFTA様々。一九八二年に、ホセ・ローペツ・ポーティホが大統領を辞める寸前に私有銀行を国有化した。それはペーソがアメリカに流れるのを防止するためであったが、実際には、多くの銀行はペーソをドルに切り換え、メキシコ経済が破綻しかけた。今度は、サリナス・コータ―リ政府が誕生し、一九九〇年に銀行が再度、私有銀行になった。選挙公約では、その方法が害になる政府官僚、銀行役員、大物政治家等新設銀行への天下りを禁止した。又、多くの新設銀行を許可し、自由競争をさせ、財政や金融界の一極集中を防げば、経済の活性化につながり、政治腐敗、不公正もなくなる筈だし、市民の生活向上につながると。

ところが、現実は、銀行の私有化は、金持ちの私物化となった。銀行幹部や政治家は、バブル経済の波に乗って、銀行から多額の借金をして、自分達の営業資金に当て不動産や観光事業に投資した。新設銀行は、市場価格の四倍も高い値段で、買収され、バブル経済の甘い汁は、少数の財閥、大政治家、金融家に流れていった。財政や経済のファンダメンタル（経済基盤等）に弱いメキシコでは理論通りには行かなかった。金融界の国家危機は私腹をこやす政、官、財界の管理政策を悪用したリーダーによってもたらされた。そこに泡銭を巻き上げる検察や警察官、暴力団、ドラッグ・リング・リーダー（麻薬組織組長）等がダニのようにしがみ着き甘い蜜を食いつくした。その構図は日本のバブル崩壊の図式によく似ている。国家政策も政治家の信頼もいとも簡単に裏切られている国民が、同じ繰返しを認め、我慢する国民性も全く同じである。

兄弟で悪事を行ったサリナス元大統領の公金横領は、フィリッピン元大統領、マルコスと同じ。アジア諸国の大統領の悪い見本になった。カナダ・アメリカとメキシコ三国の自由経済や貿易発展のために設立されたNAFTAは、奇しくもメキシコ経済の救済に一役買ったが、国民生活は悪化するばかりである。

国民生活で大切な衣・食・住に「飲める水」を加えなければならないメキシコである。ボトル水を買う金もない貧乏人が何百万人と居る。一日の収入は約４ドル。アメリカでは約四八ドル。メキシコの警察官は月給、一、〇〇〇〜一、五〇〇ペーソの支給。市会議員は、連邦政府上級職員と同じく、四一、七〇〇ペーソで、約四〇倍も多い。大学教授でも一万五千ペーソから二万六千ペーソの格差。警察官等は市民から贈賄なしには生活ができない。交通違反等は警官の顔を見ないで、五〇ペーソを渡せば黙認してくれる警察制度である。

通りがかりに、駐庫違反のトヨタ車「レクサス」を見た。レクサスの高級車を見逃す筈はないと人を分けて見に行くと、白人のオーナーとパトロール警官が言い争っていた。争いが手振り身振りで、大声になっていった。警官があきらめたと思っていたが、スクリュー・ドライバーで、車の「ナンバープレート」をはずして、パトロール・カーに入って行った。明日、取りに来いと言っているのだ。警察署へ「ナンバー・プレート」を取りに行くと「まず二〇〇ペーソを支払い、運転免許と自動車保険に影響するのに」と話してくれた見物客。ナンバー・プレートを証拠として持って帰えらねばならない不信極まる社会。パトロールカーには、二・三枚プレートが置いてあった。

新規電話を付けてもらうのに、一般市民は五か月位かゝる。三か月位にしてもらいたければ、役所へ日参し、親しくなり、贈物をし、最後には、金銭を渡す。現在は、企業振興策で、企業にはよくなったが、二か月は覚悟をしておくこと。それもワイロを頭の中に置いて。アメリカのAT&Tが参入してよくなったらしいが、想像に絶する社会である。

教育は一応、幼稚園は三年、小学校六年、中学校三年、高校は職業学校と大学入学の進学校に分かれて、三年間、大学は四年である。中学校入学は、義務教育でも家庭の経済事情で、約小学卒の三分の二。卒業はその四〇%、高校入学は、その十八%、大学へは九%。これは国公立の場合。授業時間は九時から一時までの四時間で、必修四科目、中学校は建物不足で、三交代の学校を見学してきた。七時～十一時、十一時～三時、三時～七時の三交代で全学生二六四人。こんな悪い状況は私立学校にはない。金持ち家庭はほとんど私立学校に子供を入れる。高校から外国の有名校に入れ、大学を卆業させる。

外国教育を早くから受けている若者は、同胞意識を無視し、母国メキシコの民族感情をないがしろにする。こゝに大きなアンデンティティー・クライシスが生じ、メキシコだけで教育を受けた若者との対立がでてきた。国家嫌悪と祖先や家庭の否定がこうじて、母国語を軽視する為、言語障害を持つ。日系二世は両親の影響を排し、言語、伝統、文化などを立ち切った。有名な英雄達は、戦線で大活躍し、日系二世部隊「go for Broke」の名声を全国にとどろかせたが、一世との間に精神的、文化的な溝が生じた。それらの溝をうずめる目的で作られたコースはEthnic Studiesという民族学である。自分達の民族、文化、伝統、言語、歴史を勉強し、ルーツを探がし、自信と誇りを持ち、多数民族の中で成功しようと三世が持つビジョンである。

メキシコの場合は、問題の根が深い。階級社会が厳しく、個人の自由、平等、機会均等が生まれた時から定まっている。人的構成では白人（イベリア半島とクリオーリョ：白人との混血児）、メキシコ人、黒人、インディオ（先住民）の順に分けられる。人口九千万人のメキシコで白人は上流階級で七%強、最近急増したアメリカ人退職者は約三六万人。中産階級層が増えつつあるが、四八%と非常に少ない。下層階級は黒人、インディオの奴隷だけではない。メキシコ人の四三%が下層階級である。居住地区で分けられ、白人高級住宅地、混血児街、インディオ貧民街、メキシコ中間層街になり黒人が非常に少ないのには不思議だ。観光地ではアメリカのマクドナルド等は黒人を雇わない。

更に困った問題は、外国教育帰えりは母国メキシコ会社に就職したがらない。自由もなく昇進が非常に遅くれる。それで、NAFTAの意図したメキシコ経済復興には優秀な若手リーダーが足りない。U. S大企業や外国企業は若手大卒者をどんどん採用する。日本企業はアメリカに次いで魅力のある会社。メキシコ大学でのインタービューでは米国企業より日本企業の方を選ぶ大学生が多く、「何故か」と聞けば、「よくめんどうみてくれる」生活の安定性と国民感情や文化遺産の類似点をあげている。東京での研修があるのもうけるらしい。

アメリカで大企業の中で、約四〇社が関税貿易規制緩和で利益を倍にした。それを企業別に分類してみるとメキシコ産業は競争できない企業が多い。医療機器、建設、電気電子、コンピューター、化学、工作機械、科学、広告デザイン、観光、テレコミューニケーション、サービス産業である。これらの企業を見ても分かるように、メキシコ産業の弱体化が始っている。低賃金の労働者と環境衛生におおらかなメキシコが、関税の自由化をやれば、先進工業国が企業進出をするのが常道である。一九九三年には、メキシコ政府は海外企業誘致をした。

メキシコ・シティ、クアダハラとモントレー都市以外には、ハイテック雇用促進、生産性向上を計るため、百万ドル以下の企業には政府の許可なしに企業進出を許した。この政策でアメリカ以外のアジア系企業の参入も許可。メキシコの中、小企業育成は、その芽を摘み取られた。日本企業も、その政策の恩恵を受けて成功している会社が沢山ある。メキシコ政府はNAFTAによる経済、企業のアンバランスを日本企業に是正してもらうつもりなのだろうか。ニッサンがやっているように。

一九九五年以降、外国企業が、両国々境地帯以外にも進出した。その中には、カシオ、日本ビクター、サンヨー、ソニー、京セラ、パナソニック、日立、藤倉、ヤマハ、NEC等があり、自動車産業では、ニッサン、ホンダ、トヨタとその部品製造業の矢崎、NOK等々。日本企業の評判は政府関係者よりも一般市民によい(クエルバナカ市タクシーの八二%は日産で色はベージュ)。

一月六日、カナダ経済団体の大型ミッションがメキシコ入国。「チーム・カナダ」という約二百名の一行。この「チーム・カナダ」の団長は、カナダ首相・ジーン・クレーティアンだったが、カナダを襲った大吹雪のため首相が欠席。テレビ会談には、スタンレー・グーチ大使がスポークスマンとして、カナダ・メキシコ自由貿易をべた誉め。メキシコは隣国アメリカに次ぎ、第二の大切な貿易国。この大型経済ミッションは七分野に亘り会議を持ち、将来のNAFTAビジョンを討論する。企業進出の遅れを取り戻す為の外交なのだ。五年後に国有企業の私有化を断行するメキシコにとって、カナダの援軍なしにはできない。アジア経済の不況を考えれば、苦い薬も飲まねばならない。ドラック、犯罪、環境破壊、貧困対策、教育、医療、社会福祉等緊急に改善しなければならない問題が山積している。

経済回復が順調にいっている（一九九六年の経済白書）が本当であれば幸いと思う。第三のメキシコ侵略が、企業侵略として続いている現実に日本人も関心と同情を持ち、もっと援助すべきであろう。

四〇号記念特別寄稿
アメリカから見た日本～世界の中の日本人～

サクラメント大学教授

林ヶ谷　昭太郎

（商業科第４回卒・24HR）

来賓の皆様、若狭高校商業科の諸先生、職員の皆々様、商業科一、二年の学生、この商業科雑誌四十周年記念式典、御目出度ございます。又私を講演者に御招待下さいまして、本当に光栄に存じます。高い所からですが心からお礼を申しあげます。人生八十年平均の時代に「四十年」と一口に言えば、簡単で何んだまだ四十才かと味じ気ない感じが致します。然し、これを「物」の完成などに例えれば、大きな意味を持ち、すばらしい歴史的価値感の中で見直されなければなりません。それを私に「せよ」として与えて下さった加福先生、役員の方々には「ありがたくうれしい」と申しあげたいのですが、同時に「荷が重すぎる感じで」、友人の西山澄夫君の頼みでもお引受けするのも気の引ける思いがいたしました。それで返事は長い間、保留にしておきました。決心できたのは、与えられた「演題」が「外から見た日本、世界から見た日本人」というものだったので、商業科卒業生で、米国に帰化した変わり者がそう沢山いないだろうということ、それに、商業科雑誌は私の生きがいだったので、この大役をお受けいたしました。

本を読み、物を書き、教えることが商売である私も、日本を外から見たり、また日本人を世界的視野から見たり、お話したりすることは余り上手ではありません。それでも私は「アメリカから見た日本、世界の中の日本人」と題を私に都合のよいように変えさせていただいて、「商業科雑誌四十年」を振り返りながらお話をさせていただきます。

戦後四十数年の歴史の中に、日本は三つの大きな変化、激動の社会を通ってきました。まず第一の歴史は、一九五一年、第二次世界大戦終決のための単独平和条約がサンフランシスコの市役所で開かれ、吉田茂首相以下全権代表団は、西側だけの二十六ヵ国と平和条約を結ぶという「強行手段の外交」をやり、東西熱い戦争の中に日本を巻き込んだ時代があります。それで、世界は勿論、日本国内も二つに分かれてしまいました。

その当時は、朝鮮戦争が始まり、日本はアメリカ一辺倒の政策になり、日本国独立のために、アジア諸国を全部敵に廻すという外交政策を取りました。インドのネール首相の唱える「中立国」を見捨て、日本の社会党や共産党等との対決にあけくれる政権が続き、吉田首相の「バカヤロー発言」で、内閣が解散、岸首相へと政権が変わって行きました。この時代には、日本は、「貧しいジャップ」(ジャップとは日本人に対するさげすみの言葉で、)「精神年令十二才の日本人」「アメリカの犬」、「猿まわしの日本人」「売春国家」「芸者の国日本」等悪口をたたかれました。ヨーロッパ人は勿論、アジア人からはもっと悪く、侵略者日本は自国の立場を忘れていると言われてきました。

毎日の生活がまだまだ苦しく、生きることに希望がなかった時代です。終戦直後の「どさくさ時代」よりちょっと良くなった位で、企業も会社も朝鮮戦争のおかげでやっと立直り始めだした時代です。従って、まだ良い就職もありませんでした。私は就職試験に三度失敗しましたが、私の成績が悪かったのではなく、親がいなかった理由で就職できないという時代でした。しかしこの「就職難」が私をもっと強くしてくれたのです。勉強を本腰にやる固い決心がこれでついたのです。自分の能力を発揮するためには勉強が一番。そしてあらゆる勉強をしました。

第二回目の激動社会は、一九六〇年の安保闘争を最高点にして、日本国内が完全に二つに別かれ、右と左、民主主義と共産主義、日教組と文部省、経営者と労働組合、大学と学生との闘争、葛藤、いがみ合い、ゼネスト等が毎日のように続き、社会の混乱の中に生き、精神的にも非常に不安定な時代が五年ほど続きました。この日米安全保障条約改定反対と永久平和や中立を叫ぶ文化人、教育者、労働者の国民世論を押し切って、国会決議をやり、なぐり合いの国会となってしまいました。そして日本がアメリカの核爆弾の庇護の下に入り、完全なアメリカ従属国家に入って行った単独講和条約を再確認したことになるのです。そして長い間対米従属主義が続きました。この時代でも、日本人は外国からの悪口を受け流して、自分達の道を「国の復興」を歩むことに一生懸命になりました。

戦後、アメリカから与えられた憲法を下に日本政府の大きな外交方針は、政治と経済を完全に分けたことです。国連に加盟してからも経済外交で、政治と軍事問題はアメリカにまかす巧妙なやり方、悪く言えば、日本に都合のよい外交政策を実行してきました。これができたのは、日本はアメリカに占領されたこと。国が二つに分割されなかったことにあります。この時代からは、日本のチープ・グッヅメーカーで（安物）の輸出、例えば、おもちゃ、ナイロン靴下、ラジオ、合成繊維製品がアメリカ市場は勿論、ヨーロッパ市場にもあふれ始めます。日本人は「イミテーター」「物真似師」「詐欺師」と言われ始めたのは、その後、カメラ、電気製品、テレビ、自転車等がアメリカ企業を脅かした一九六五年頃からです。この当時は日本が「ダンピング」をしているとよく言われました。事実していました。その上、一九六八年頃になると、日本の新憲法を知らない、アメリカ人は日本が軍事強化をせず、自国防衛はアメリカ人の税金でやらせ、日本の国民は経済復興にだけ精を出して日本人は「防衛ただ乗り」だと言い始めました。それは、ベトナム戦争が激化し、アメリカは戦争の泥沼に入り、戦争に負けそうになってきたからです。「小田実」さんはカナダからアメリカに入り「べ平連」の活動を話して、ベトナム戦争に反対していました。アメリカ国内では、反戦運動が盛んになり、大学生は戦争反対デモや授業ボイコットをやり、大学が閉鎖されました。カリフォルニア大学バークレー校U・C・Bでは、ナショナルガード（州の軍隊）が導入されて、私の住んでいたアパートでは五日間も外出できず、子供が窓を開けてヘリコプターの飛び廻っているのを見て喜んでいたところへ、催眠弾が落ちてきて、びっくりしたことを思い出します。それと前後して、マーティンルッター、キング牧師が殺され、ロバート・ケネディが暗殺されました。その一年後、日本でも東大の大学紛争が始まり、安田講堂が学生に占拠されました。そして次に早稲田、明治大、関西大等に学生運動が広がり、ベトナム戦争反対運動に端を発した反戦運動が大学の体制の改革につながり、大学紛争が三年もつづきました。

一九七〇年にとてつもない事件が起こりました。文学ノーベル賞候補作家、三島由紀夫が自衛隊統括本部で切腹（割腹）自殺をしたのです。私兵「楯の会」の若いリーダー森田と共に死にました。三島由紀夫は、日本伝統文化の回復、引いては、天皇制の文化的復活を唱え、文学的には、日本の古典的ローマン派の川端康成氏と同じ主張をしていました。川端康成氏は日本人として初めて一九六八年にノーベル文学賞をもらっています。川端氏も一九七二年にガス中毒による死を遂げています。二人に共通するものは西洋化、特にアメリカ化しすぎて、すたれゆく日本の伝統価値や美をとり戻すため、当時の社会人、文化人、教育者等の戦後の既成体制を打ち破ろうとしてきたことです。東大学生運動家らとの対談で「学生を動物園の猿」とどなっていた三島氏のテレビ放映ニュースをアメリカで見ました。三島由紀夫はイギリス文学界から馬鹿にされていましたが、アメリカ文学者（例えばローナルド・キーン教授）らは、三島を大変持ち上げていました。この両文学者の自殺で、日本人の評判はずっと悪くなりました。キリスト教社会では自殺は罪悪だからです。日本人の「野蛮性」「天皇崇拝」などが悪名の言葉として流行したのです。

「腹切り日本人」がやっと下火になったのは、ベトナム戦争が終りかけた一九七四年で、多くの日本の大学改革がこの時代になされました。それが、現在では、大学の経営合理化になり、大学の自治や、大学教育の根本精神を骨抜きにしてしまったのです。更に「塾」が流行りました。それで、大学生は勉強しなくなってしまいました。実利主義の教育、物質主義の教育、金を儲けるためだけの職業教育とアルバイトに「力」を入れてきました。私立大学の質の向上は、多額の国庫補助ですが、むしろこの時代の流れに乗った結果で、良い面もありますが、学生を職業人に育てるための狭い教育に片寄り、深遠な人間性の追求とか、人格の養成等が叫ばれなくなりました。「教育」とは、技術を与えること。即ち生活する手段を与えること等と言われ始めました。大学受験、塾が大流行になりました。それで受験地獄解消、偏差値教育の改善、日教組の改善、教育の平等性等が主張されすぎました。「戦後教育の見直し」が官界、実業界、教育界から起こり、「西洋かぶれ」「平和ぼけ」「アメリカぼけ」の日本人をなくそうと言われだしました。

その前に、そのような動きが活発であったらよかったのですが、ドルショック、ニクソンショック、石油ショックが起こりこの三つの大ショックが次々に起こって日本が大試練に面したのです。ニクソン・ショックでの混乱、特に物の買占め、(トイレットペーパー、石鹸まで、) 又、インフレーが始まり、サラ金騒動が相ついで起り、日本の社会は、「ひ弱な社会」、「底のない社会」「汚職国家日本」と言われたり、その後すぐ「兎小屋の日本人」、「貞節のない働き蜂」等等言われました。それで官僚や政治家の疑獄事件で悪口をたたかれたのです。

この時代の輸出品は、カラーテレビ、(二十一社もあったが現在はアメリカ製のカラーテレビはモトローラだけしか残っていません)、鉄鋼、アルミニューム製品、モーターサイクル、楽器、高級カメラ、小型自動車等で、アメリカ市場を占領し始めました。「日本株式会社」「ジャパン・コーポレーション」が標準語になり、「国家全体が大企業だ」と日本の国家主義的な政策を批判するマスメディアが出てきました。「貿易戦争」「経済によるアメリカ占領」「日本の企業戦士」「イエローヤンキー」「エコノミック・アニマル」「ウォーク・ホリック」等悪い表現や偏見の目で、悪口を言っていました。

そして遂にアメリカは戦争に勝ったが、経済戦争では負けたと嘆き出しました。負けた米国は日本が、政府、大企業、労働組合、銀行等が一体となって貿易促進をやり、アメリカ市場をかく乱し経済危機に落し入れていると言うのです。そのマスメディア報道のネタ＝ニュースソース＝は日本人記者の記事が多く、日本の新聞報道が簡略、平坦であるため、誤解があり、ほとんどの記事が掘り下げがないから、その悪名のネタになるのです。この時代には、日本は工業国第三位にのし上がり、GNPの生産性からみると第二位という工業の躍進を遂げています。従ってこの当時は家庭犠牲の上に成りたった企業形体であったことは否定できません。

ウイスコンシン州立大学のハーマン・カーン教授は、「二十一世紀は日本の時代」とラッパを吹きならし、又エズラ・ボーゲル・ハーバード大教授は、「ジャパン・ナンバー・ワン」と題する本を出したのです。アメリカ企業家は勿論、政治家、労働組合のリーダーに大きなショックを与えました。アジア・ヨーロッパ人は、にが虫をかみながら、この時代の推移をじっと眺めていたのです。それは、自国の歴史的体験を物語っているからです。

歴史上の大国の興亡を例に挙げるまでもなく、多くの場合、軍事的覇権を求め、軍事強化のため、巨額の国家予算を使う国は、軍事経費乱費のために、覇権争いから脱落しています。一番新しく、しかもドラマティックな例は今日のソビエト連邦です。それ以前の歴史では、十六世紀のスペイン、十八世紀のフランス、二十世紀のイギリスなどがあります。それをアメリカは一九八〇年の初めにわかり始めました。それは軍事強化=核兵器の下での「力のバランス」を保つことは経済的に困難なことが分かっていても冷戦の最後の時代に追打ちをかける必要から「スターウォーシステム」を計画し、ソ連に大きな平手打ちを与えました。然し残念ながらこれが現在のアメリカの経済危機を招いたのです。

第三の危機、即ち「受難の日本」は、一九八二年から始まりました。この時代は、日本の軽自動車が、フォルクス・ワーゲン(日本ではかぶと虫と言われている)が、アメリカ市場から姿を消し始め、二度目の石油ショックで大型自家用車が売れなくなった年であります。又この時代には、日本のコンピューター・チップ(半導体)のアメリカ市場のシェアが急激に増え、鉄鋼、オートバイやカラー・テレビの二の舞を踏みたくないアメリカ大企業がロナルド・レーガン氏を大統領にかつぎ出して、アメリカ企業のデ・レギューレーション=規制緩和政策=で、失地回復を計った時期です。この初期に「将軍」(作者、ジェームズ・クローベル)が五百万冊も売れたし、ABC(保守的全国テレビネットワーク)で、テレビが二週間に亘る「将軍」ミニシリーズを放映して、日本人の「野蛮性」があらわに放映され、日本ブームを否定的にし、私はテレビ解説で、「あの点は違う」などよく反論したものです。

「二つの顔」を持つ日本人がこの時からはっきり出てきました。「将軍」の顔と現代日本企業の顔。サクラメント大学の経営学部の講義を聴講した時、アメリカの学者が盛んに「根廻し」「リンギ制」、「本音と建前」「MITI」(通産省)「ジャパン・コーポレーション」等と講義しているのを聞きました。その原典は何かと言いますと、ウイリアム大内(日系二世でUCLAの大学院の経営学部教授)の「AスルーZ」と、先ほど言いましたハーバード大学の社会学者、エズラ・ボーゲル教授の「ジャパン・ナンバーワン」です。日本の企業経営も日本文化に基本を求めていることには賛成したいのですが、「ジャパン・コーポレーション」は、そんな簡単な理論で説明でき、又実際には動いていません。実態は最も複雑で、素人学者のような経営実践のない者にはわからないのです。ですから、私は、「本当の日本経営管理を知りたければ、スシを食べ、お茶を飲み、バーでカラオケが歌える位勉強や体験修得に努力をしなさい」と言っています。

この時代から、「経営管理」と「品質管理」が日本のトレード・マークにもてはやされてきましたが、貿易赤字と財政赤字に悩む米国は、日本をいじめる近道を選んだのです。「ジャパン・パッシング」日本叩きと言う手段です。

カーター政権はイラン革命に大失敗しました。ソ連のモンゴール侵攻をオリンピック・ボイコットで反発したジミー・カーターの大企業、軍需産業に対する不信感は、大きなインフレーを招き、人道主義者もあっけなく力の保守政権、レーガンに負けてしまいました。この当時の日本批判の新聞の見出しをまとめてみますと、「汚いジャップ」「裏切り者ジャップ」「血を吸うジャップ」などと、本当にいかがわしく、汚たない「ののしりの言葉」が出ていて、私にも大きなショックでした。反日感情がこのように露骨に出てくる時代でした。一九八二年五月には、日立、富士通のF・B・Iオトリ捜査事件が起き、日・米の貿易、経済摩擦が、「刑事犯」として大きく取りあげられ日本製品と日本人の名誉を傷つけました。FBI(連邦検察庁)がIBM会社と組んで、日立と富士通の幹部社員に贓物を売り、売買現場を逮捕したオトリ逮捕で両会社共、このコンピューター・チップ事件で、大きな損害と痛手をこうむり、五年間以上のおくれをとりました。

この事件と前後して、「アメリカ商品を買おう」「現地部品調達法」等がアメリカ連邦議会を通過しました。日本の自動車輸出と海軍業界、コンピュータ産業のアメリカ市場占有、アメリカ産業は大勢の失業者を出し、不景気が深刻になりました。それが、一九二〇年代の「YELLOW・PERIL」(黄禍症)に似て、アジア人恐怖症が、ねたみ、偏見、人種差別へと悪化して行ったように、反日感情がつのり、シカゴやロス・アンゼルスでは、中国人が日本人と間違われ、野球バットで失業した自動車工場の労働者になぐり殺される事件が起りました。

第一回目の「自動車輸出自主規制」をやり、一応、自動車産業の同情を得たようですが、今度は、輸出規制強化に合せ円安のため現地生産をやって、アメリカの自動車産業を追いこそうとしました、日本からは、トヨタ、本田、マツダ、ニッサンが現地生産に切り替え、三菱、いすゞ、ダイハツもアメリカへの輸出をうんと伸ばし、日本車は現時点では、自動車販売の三十一%の大きな市場を占めるまでになりました。日米貿易赤字の七十%は自動車関連製品輸出によるものです。

一九八〇年以後の経済、貿易摩擦に、又別の企業や会社の乱入で、はなばなしく企業摩擦が起こりました。この企業摩擦はハワイ州で一九七〇年から始まり、ホテル土地、高級住宅、ゴルフ場、金融機関の買占め、さらに、世界的名画、こっとう品、国・公債買取り、株式・穀物・金・銀の売買等「金になる商売」は何でもやりました。そして「ヤクザ」までロスやシカゴに入り込んで、名目上ビルの売買・賃借業・アパートの売買をやっていますが、実体は麻薬、コカイン、ドラッグ、売春商売をやって犯罪の世界に入ってきました。その大きなきっかけは、かつてのドル高、円安が、逆に円高、ドル安に切り替えられたからです。

アメリカ製品の日本輸出振興には、これでも所期の目的を果たさず、逆に、日本企業が急にアメリカ本土に沢山進出し、一九八九年には四千八百社の日本の会社が出来、今日で、カリフォルニア州だけでも二千社はいる筈です。このように日本企業が沢山進出してくると次々に色々な問題が起こってきたのです。

まず①海外に出ている子女教育、②現地校での教育を州の税金で行うことの住民の不平③土地、住居費のつり上げ④現地社会への家族のとけ込み⑤公共社会への利益の還元⑥日本系列企業の問題等沢山あります。発展途上国や、アジア諸国ではもっと違った問題、例えば危機管理、日本人誘拐事件などの問題がクローズ・アップされ、米国で起る諸問題が埋没してしまっていますが、本当に深刻な問題であることは言うまでもありません。

一九八七年三月にまたFBIのオトリ捜査が沖電気のコンピュータ・チップに関連して、香港で起こりました。日・米・EC諸国で半導体の値段の協定が結ばれていたのに、日本の沖電気が、香港でダンピング（協定値段より一ドル安かった）として、大きく悪く報道されました。又、日本は「ダンピング」しているというのです。もう、この年代ではジャパン・パッシングという「日本たたき」ではなく、日本を「落し穴」に落すことにより、アメリカ人の日本に対する感情を悪くしようとした策略があからさまに見えます。その後、すぐ一九八八年に東芝工作機械会社がソ連へ、潜水艦のスクリューの音を弱める機械を売り、ココム（共産圏軍需物資禁輸条約）協定に違反した日本に、大統領が大きな非難をテレビでやりました。東芝本社社長の辞任に始まり、東芝関連会社以外の工作機械会社も輸出規制され大きな打撃を受け、金額にして、三百億ドル位の貿易契約が吹き飛んでしまいました。それを一番日本びいきと思われていたレーガン大統領がやったのですから、たまったものではありません。「東芝製ラジオ」がホワイトハウスの前で、民主党リーダーのリチャード・ゲッパード（下院院内総務で二番目に力がある人）下院議員ら四人といっしょに叩きこわされるという事件がありました。「ジャパン・パッシング」をまともに受けて出てきたのが、「日本封じ込め」、ジェムズ・ファローズの本であり、日本をいま、封じ込んでしまわなければ、「アメリカが日本との経済戦争に負ける」という大警告の本です。

前述のように、この一九八四年から八八年頃には「日本を叩け、そうすれば必ず何かを出す」という風潮がでてきました。ある人は、ほこりが出なければ「舌でも出す」だろうと言ってからかいました。そして、マス・コミ同志の文化摩擦がこの時代から始まり、日・米両方が新聞や雑誌を売らんがための過当競争をやり、その売り手の手段が、「ジャパン・パッシング」だったのです。日本の特派員もこのジャパン・パッシングに大いに加担してきました。

この時代の社会風刺画の代表的なものに、「金満家の日本人」や「おすもうさん」の風刺画が沢山でています。もう一つは、「ブラックのブリフケース」にブラックの背広で、ブラックの革靴をはき、コンピューターを片手に持った四・五人の企業戦士、それに「ゴルフ場を独占する日本人プレーヤー」があります。

日本人も黙っていませんでした。ソニー会長の盛田昭夫と石原慎太郎共著の「ノーと言える日本」が反論の一つです。然し、この本は、元々、日本人向けに作られた小さい本でしたが、アメリカのCIAのグループと国務省が急いで翻訳し、アメリカの大企業の幹部、政府役人にだけ廻わす極秘の本になりました。これが、ワシントンポスト紙にリークされて、盛田昭夫は、国際人と自負するが国際人ではないと非難され大きな反響がでて、この本が否定的に受けとられています。日本はアメリカをコンピューターチップで息の根を止めると「脅迫」していると誤解されるようになったのです。

ちょうどその時、ペルシャ湾の湾岸戦争が起こり、アメリカを中心とした多国籍軍の覇権の要請と、金銭的援助をつよく要請してきました。

日本は、湾岸五か国に対しては、四千億円をすぐ払いましたが、アメリカの多国籍軍に対しては、九千億円の支払をしぶり、又、「機雷」を取り除く掃海艇の派遣では「戦争が終わってから出す」というおくれを取り、西洋諸国から、袋たたきにあいました。ペルシャ湾諸国から、六五％の石油を輸入している日本ですから、石油の輸入源、クウェート、サウディアラビア等と協力はしたいのです。然しアメリカ軍にお金を払って、戦ってもらうという事は、軍事的にも、歴史的に見て大変おかしいし、例のないことで、日本としては国連に払いたかったのです。それを日本のマスコミが報道すべきで、論戦をはって世界に説明すべきでしたがしていません。

アメリカは湾岸戦争では、任天堂のコンピューターゲームをやっているように、はなばなしく勝ってきましたが、イラクのスカッド・ミサイルを迎撃していたパトリオット・ミサイルのコンピューター・チップは日本製だったのです。一発百万ドルもする誘導弾の心臓部分は、日本製だったので、アメリカ人は、ソニー会長の盛田昭夫にさらにいや味を言い始めました。

一九八九年九月にロス・アンゼルス・タイムズ社が世論調査結果を発表しましたが「日本は不公正貿易国」と考える一般市民が六三％にもなりました。これが、ソニーがABCレコード会社とコロンビア映画会社を買った年ですから、日本は、アメリカの映画会社までも買収する。「ハリウッドのメッカ」まで買われてしまったと心配されました。その後、松下電器が映画会社MCAを買収しましたが、国民の日本に対する感情が悪くなるのは当然です。そのコロンビアやMCA映画会社を買うのと前後して、三菱不動産が、ロックフェラーセンター・ビルを買いました。これを買った三菱はもちろん、日本の財産投資や投機的投資全体に批判が向けられました。ロス・アンゼルスの有名なホテル、高層ビルの多くは、日本人が買ってしまいました。サンフランシスコでも同じことが起こっています。

アメリカ人が戦争や経済不景気、失業、ドラッグ、殺人犯罪、教育の低下、発展途上国への援助、国内の社会問題、貿易赤字、財政赤字等々の問題に苦しんでいる時、追い打ちをかけるように、アメリカの物を買いあさりました。カリフォルニア州では古く有名なゴルフ場を一八も買いました。その中でもパブリックで歴史的に有名なペブル・ビーチゴルフ場の買収は、三菱信託銀行の資本で買われているので、むかしの「財閥なぐり込み」だと言われるのです。イギリスに於いても同じようで、名門ゴルフ場の買占め、骨董品の買だめ、日本人旅行者のお土産の買あさり等は、大きなひんしゅくを買っています。

湾岸戦争の一年前、日本では大きな政変がありました。竹下内閣がリクルート汚職で辞任し、宇野内閣も女性問題で辞任して、Mr.クリーンと言われた海部内閣の誕生となりました。しかし汚職日本の悪名をまた、世界に報せ、次に男性天国の宇野内閣。しかも三ヵ月という短命内閣になってしまいました。三年半に四人の首相が生れ、もう次期内閣が誰れか決まっているようです。日本の派閥内閣というよりも、日本の低級な「政権たらい回し」があからさまに出て、日本の後進国の政治体制が報道されました。「第三流国、日本」ということばは、日本につけられた代名詞です。民主主義を標榜する世界先進国のイメージから完全に落されてしまい、リクルートの汚職、政治献金、株式取引など、今日ではバブル経済日本の悪い点だけが報道されています。この後に起った証券、金融関係の横領事件、損失補てんなど日本経済の実体が日本人に対する不信問題を現わしています。海部首相の二期目を断念した理由は主に行政改革に失敗させられた派閥の政権「たらいまわし」なのです。

国民の意見が反映していない点を主張するならば、日本はまだまだ民主主義国家ではありません。徳川時代の家老政治や、現代のインテリヤクザ政権と同じです。そしてヤクザがあらゆる分野にはびこっています。

宮沢政権が生れても、最初からつまづきがあり、日本の政権が派閥領袖の均衡の上にできていて国民の声が反映していません。国民が政治に無関心でいるからです。これが一番危険なことです。権力で上から国民が押えられる時代も危険ですが、それ以上に危険なのは中央政治の動きや政策を批判したり、支持したりする強力な国民的世論の形成がない時です。日本では政治が国民から浮きあがっています。国民はもう「あきらめ」ています。それではいけません。

日本は世界の一リーダーです。西洋では、アメリカ、アジアでは日本、ECではドイツで第二次世界大戦前の構図になってきました。日米合せて、世界の四〇％の生産力と経済力を持っています。アメリカは軍事力では秀れていても日本の地理的地位と経済力を無視することはできません。EC十四ヵ国、アメリカ、日本の三極共同、共存なくして世界の平和や繁栄がありません。これを果たすには、日本にも国際人たる政治的指導者がでてくれることを望んでいます。英語が少々できるからと言って国際人ではありません。世界の政治や経済を見通しできる能力を持った指導者で、その人を取り巻く者も（ブレーン）これらの知識や能力、さらに「勇気」ある人が必要です。それには、まず金権政治を断つことが大切です。

アルバート藤森、ペルー大統領の昼食会に十月十八日出席しました。藤森大統領は、日系二世の大統領ですが、日本人には大変感謝していながら「行動」が非常におそいので、日本人の約束が本当に守られるのかどうか分からなく、ペルー国民に説明しにくいと言っておられました。それで「かめの国」日本と日本語で言われたのには大きな失望でした。

これから、日本人は、世界の国々に経済援助をしなければならないでしょう。平和部隊の派遣、国連平和維持軍の派遣もしなければならないでしょう。「米の輸入には反対だ」と言っている時代ではないのです。オレンジ・牛肉の例を考えてみましょう。隣りのアジア諸国では、何万人の子供は一日の食事もなく死んで行きます。アフリカではもっとひどく、何十万人の餓死が伝えられています。現在、ソ連では三分の一の人々は食べ物がありません。南アフリカでは二百万人の子供が十五才にならずに死んで行きます。こういう諸国を考えて見ると日本人は、もっと世界の人々を助けなければ世界の中では孤立してしまいそうです。そうなることが仮りにあれば、日本人は世界の人々からもっと袋叩きになるでしょう。

一月十日ブッシュ大統領と宮沢首相の会談で「日米の東京共同宣言」が発表され世界を二国で指導することになりました。その責任は重大ですが、できると信じます。アメリカの大型経済貿易ミッションに恐れをなしてはいけません。

かつて日本の首相が変わるたびに大型の大名行列をやってきました。それが逆になったことに自信をもってほしいものです。嫌米、反日とか言っていじめ合う時代はこれからも長くつづきます。しっかり勉強して、日本人として自分をみつめ、自分を世界の中においてみて下さい。

井の中の蛙大海を知らずではだめです。

謝　辞

商業科雑誌第四〇号記念講演会は林ヶ谷先生をお迎えして、平成四年一月十日、小浜文化会館大ホールにて開催されました。このときの録音テープから講演会記録を作成し、ほぼ出来上った頃に、先生からの講演原稿も届きました。

日本で精力的に研究活動を続けながら帰米直前に郵送下さいました先生の御好意に心からお礼を申し上げます。

本誌には先生の原稿を集録致しましたが、九〇分に及ぶ録音テープから記録を採り、清書まで尽力をした橋本知香子、山本康代、山田奈緒美の三名にも心からの敬意を表し、ここに書き置くことによって謝意と致します。　（加福）

第6章 経歴・業績

平成17年3月

名　　前：林ヶ谷　昭太郎

生年月日：1934年5月5日

出 生 地：福井県小浜市西相生34番地

現 住 所：9263メダリオン・ウェイ　サクラメント市、カリフォルニア州、郵便番号95826

自宅電話番号　(916) 363-1014

自宅FAX番号　(916) 363-0192

大学住所：Department of Ethnic Studies, C.S.U.S.

6000J Street, Sacramento, CA 95819-6013

直通電話　(916) 278-7568

FAX　(916) 278-5194

家　　族：妻・林ヶ谷　弘子、長男・弘昭、次男・州治郎、長女・英理

国　　籍：米国　1982年5月3日米国籍を取得

教　　育：1959年3月　関西大学法学部二部卒業

1966年1月　カリフォルニア大学バークレー校学士修了　国際政治学部

1966年9月－68年8月　カリフォルニア大学バークレー校　非常勤講師（日本語教師）

1968年9月－69年8月　カリフォルニア大学ディビス校　非常勤講師（日本語、文化史、人類学）

1969年9月－72年8月　カリフォルニア州立大学サクラメント

校　専任講師（日本語、文化史、民族学）

1970年8月　カリフォルニア州立大学サンフランシスコ校大学院修士修了　国際関係論

1972年8月　カリフォルニア州短期大学教師免許取得

1972－75年8月　カリフォルニア州立大学サクラメント校　助教授に昇進

1975－82年8月　同大学　準教授に昇進

1982年9月－2003年　同大学　教授に昇進

1984年4月－9月　立命館大学　客員教授

1996年1月－8月　桜美林大学大学院　客員教授

1998年6月－8月（夏期講座）　同大学大学院　客員教授

2003年－現在　カリフォルニア州立大学サクラメント校名誉教授

行政職歴：1972年7月－79年8月　カリフォルニア州立大学サクラメント校　日英プログラムディレクター　夏期講座で8プログラムの総責任者

1974年9月－75年6月　同大学　国際部学生指導教官

1982年9月－83年7月　同大学　アジア・アメリカ研究所所長代行

奨学金授与：1954－59年度　日本育英資金奨学金

1963－64年度　ロックフェラー財団奨学金

1981年6月－8月　米国人類研究財団奨学金（大学院博士課程）

1985及び1989年度　州立サクラメント大学最優秀教授賞

1989年3月　日本電気（株）研究賞（2万ドル）

1990年6月　外務大臣表彰（日米教育、文化、政治、貿易に貢献）

1991年1月　国際交流基金日本語プログラム助成金（8万ドル）

1993年6月　全国日本学士会勲章（日米間の教育、友好、理解、親善に寄与し学術研究顕著）

1993－94年度　最優秀教育賞　州立サクラメント大学

主 要 著 書：メキシコ物語－1842（英訳）　カリフォルニア大学バークレー校出版　1967年
カリフォルニア未来（日本語訳）　カリフォルニア州通商課発行　1981年
ユニバーサル　メディテーション（英訳）　S. F. ホープ発行所　1984年
日・米主要新聞比較　日本リサーチセンター出版　1988年
日本の新聞報道－アメリカからの緊急提言　池田書房　1990年
主 要 論 文：二つの祖国　日米時事新聞社（8日連載）　1984年3月7日－16日
日本の新聞が信用されない理由　宝石　1989年10月号
その他28編（日米タイムズ及び北米毎日新聞、若狭高校商業科雑誌）
日 米 交 流：1970－72年　日米協会サクラメント支部理事長
1974－80年　インテル（株）顧問
1980－82年　米国日本語教師会会長
1982－84年　カリフォルニア州通訳官
1986年－現在　サクラメント貿易振興会委員
1989年－現在　ポート・オブ・サクラメント日本人海外子女補習校校長
所 属 学 会：1979年－現在　全米国際学術研究会会員（Phi Beta Delta: Honor Society for International Scholars）
1983年－現在　カリフォルニア州民族学教授会及び全米民族学学会員
1989年－現在　米国西部諸州マスメディア学会
1990－92年　全米国際学術研究会　会長
2003年－現在　カリフォルニア州立大学サクラメント校名誉教授会員

むすび

A Tribute to Professor Shotaro F. Hayashigatani: A Dedicated *Sensei*

Teachers in the United States are members of a giving profession. To a person, each is responsible for contributing to shaping learning experiences which will prepare students for their roles as functioning and contributing adults. In order to be effective at this, the teacher must spend many hours preparing lessons, assignments and other learning activities. Each of these is calculated to challenge students to experience the world of learning. After providing instruction, the teacher must spend much time evaluating students' learning and providing feedback to as to students' progress in the subject matter.

An often overlooked, or at best, understated role of the instructor is serving as a mentor. Many instructors give of their time to giving advice and counsel to students seeking opinions from respected teachers. Mentoring students can occur in many ways and take many forms. For example, faculty perform this role by coaching them in scholastic competitions; serving as an advisor to a student club; giving students tips as to how to prepare for a college or university education. The key element is the instructor taking time to assist students. These are important roles for the instructor to perform. Students can learn from the instructor's involvement in non class room activities that the instructor cares about their development as well rounded human beings.

I take this approach to introducing this biographical essay because in my more than thirty years as a university professor and administrator, I have had the privilege of knowing a teacher who exemplifies the finer characteristics of what I consider to be a model teacher-scholar and colleague. By this I mean a professional who took seriously his responsibilities to his students, his profession and his colleagues. His work ethic was second to none and his dedication to his students learning is unquestioned.

I have the privilege and honor of introducing on these few pages a colleague and friend, Professor Shotaro Hayashigatani. As I noted above, I have known *sansei* for over thirty years. Prior to his recent retirement, we were colleagues in the Department of Ethnic Studies at California State University, Sacramento. For most of this time his office was immediately next door to mine. I have first hand experience of his dedication to teaching and to his students. I witnessed the keen interest he took in his students' learning. More often than not, several days a week, students from his Japanese language and culture classes would que up outside his door to meet with him. I should also mention that for twenty one years I served as the chair of department where he had his retreat rights and in my official capacities and the chair, I know of his stellar teaching record and the high esteem with which he was, and is, held by his students. It goes without saying, that over his illustrious years as a professor of Japanese languages and culture, he made a significant and positive impact on the intellectual development of his students and the professional development of his colleagues.

I must offer some specifics as to, what I believe is his most significant contribution, his role as a teacher. It is not an exaggeration to say that the current and thriving Japanese language program at this University owes a deep debt of gratitude to Professor Hayashigatani. When he joined the faculty in 1969 there was no such program. He built the program literally from the ground up. He developed courses and shouldered most of the responsibility for the instruction in the program. Sho, as he is affectionately called, is one of the most dedicated instructors I have known. His commitment to his students is complete. He traditionally would hold office hours before and after classes in order to make himself available to his students. His mentoring and coaching roles have earned him and his students national and international distinction. For example, for nearly twenty five years he prepared his students for participation in national Japanese speech contests. His students performed well and even outperformed students from larger more prestigious universities. In regional contests his students, during a thirteen year period, won most of the speech, recitations and dramatic performances. Moreover, he gave of his time to serve for over twenty three years as the faculty advisor to the Japanese Language and Culture Club. These accomplishments speak volumes regarding the positive impact that his teaching, mentoring and coaching have had on his students.

Appropriately, the University has accorded *sansei* Hayashigatani proper recognition for his role as a teacher. In 1985 and 1989 he was awarded the Meritorious Performance Incentive Award. In academic year 1993–1994 he was accorded the Outstanding Teaching Award. Both awards are given by his University colleagues in recognition of the exemplary contributions he has made as a teacher-scholar. The awards were most deserved. Sho's teaching record clearly demonstrated not only his dedication to his students, it also clear that his knowledge of his subject matter, his availability and his support were appreciated and valued by his students.

It is important to mention that his role as teacher has not just been limited to service to the University community. He is very involved in the education of youth and adults in the Sacramento area. Since 1988 he has served as the principal of the Port of Sacramento Japanese School. And during this time he also served as the director of the Japanese-English program for teachers and students offered by the College of Continuing Education at California State University, Sacramento.

It is important that that we know something else about Professor Hayashigatani. Not only is he a respected colleague and teacher. He is a respected scholar and lecturer. He has written and spoken on a variety of subjects relating to historical and contemporary issues relating to

Japan and Japanese-Americans. His work has been published in *The Nichi Bei Times* and the *Hokubei Mainichi Newspaper.* He has provided invited lectures at several Universities in Japan and has had two appointments as a guest professor at Obirin University in Tokyo, Japan.

Consistent with his roles as teacher-scholar is his longstanding commitments to strengthening cultural and economic relationships between the United States and Japan. In the mid-1980s he was a leader in introducing "Japan Week" to the Sacramento community. The event resulted in Sacramentans becoming more familiar with the cultural arts and contributions of Japan. In 1992 he was instrumental in organizing the "Peace Doll" forum at California state University, Sacramento where the story of the pre World War II exchanges of dolls between school children of Japan and the United States as an expression of friendship was told.

His efforts to strengthen cultural relationships between Japan and the United Stated have not gone unrecognized. *Sansei* Hayashigatani has been awarded the prestigious Medallion of the Chrysantheum Crest and the Gaimu Daijin Hyosho Award by the Japanese government in recognition of his visionary contributions.

Providing a fitting summary of Professor Hayashigatani's commendable professional record is easy. He has, by virtue of his commendable achievements as a dedicated teacher, mentor, scholar, emissary of good will, marked himself as an exemplary professional. It was a privilege to have him as a colleague and friend. It is a distinct honor to provide these brief remarks on his behalf. And finally, I wish him nothing but the best of health, happiness and good fortune in the years ahead.

Otis L. Scott, Ph.D.
Dean
College of Social Sciences and Interdisciplinary Studies
California State University, Sacramento
July, 2006

林ヶ谷昭太郎先生の功績（要旨訳）

アメリカの先生は、専門知識や技術を授与する者で、学生に自分の学んだ経験を分け与え、彼等が成人になって発揮し、貢献するよう責任がある。先生として効果的であるためには、準備、勉強をし、授業を持ち、それ以外の教育学習のためにも多くの時間を費やさなければならない。これらのことは、学生が実社会に挑戦する時のことを考えられている。授業を終えた後も、学生が習った事を評価し、授業の進歩を省えり見るため、多くの時間を使わなければならない。

よくあることだが、教授のメントー（師弟関係）的奉仕が過小評価されている。多くの教師は学生のアドバイスや相談に時間をさき、色々な方法で学生を教え育てている。例を挙げれば、教授は学問的競技を指導したり、学生のクラブ活動のアドバイザーや大学教育の勉強の仕方など助言したりする。肝心なことは、先生が学生を助ける時間を多く作ること。教授は教室での講義は大切であるが、学生は教室以外で学んだこと、学生達が人間として立派に成長していくことに関心を示すことである。

私は、30年以上教授、また、行政官として大学に奉仕し、自叙伝的エッセイでこの文を書くのは、林ヶ谷先生が以上述べた性格を実証した先生、学者、同僚としてのモデルであるからで、彼は職務上、学者、同僚に対しても真面目に責任をもって行動し、仕事上の倫理感は最高で、さらに学生の学習向上には献身的であり、誰も彼に勝る者はいないからである。

私は友人であり、同僚の林ヶ谷先生を紹介するのは特典で名誉でもある。前述のように、先生とは30年以上の交際で、彼の退官前はカリフォルニア州立大学サクラメント校の同僚で、研究室は隣にあった。彼の教育熱心さと学生への奉仕を目の前で見て、日本語、文化の学生は、彼に会うため、研究室の外で待っている光景を週に何回か見ている。

私の21年間の研究科長時代にクラスの学生評価が非常に高く、尊敬された先生であった。言うまでもなく、彼の教授生活で、学生や同僚に大きな（能動的）影響を与えたことは間違いない。

少し具体的に言えば、先生の大学教授としての最も大きな貢献は、誇張ではないが、大学に何もなかった日本語のプログラムを創設し発展させたことである。彼は1969年に来て、文字通り、無から始め、コースを発達させるため教える方にも多大の責任を負った。「昭」と愛称で呼ばれる先生は教育に尽くす人で、彼は、オフィス・アワー（教師が学生に会う時間）をクラスの前、後に持ち、さらに、学生が会える時間も任意に設けて、いつでも学生の相談に応じていた。彼の学生へのサービスは学生を通してアメリカばかりでなく国際的にも知られている。約25年間、日本語弁論大会に学生が参加し、彼の学生は有名な大学の学生より優れた成績を残した。地方での弁論、朗読、劇等では、ほとんどの賞を勝ち取った。23年間以上も、日本語、文化クラブのアドバイザーを勤めた。これらの良い業績は、先生のポジティブな教え、メントオリング・コーチのお陰である。

大学は先生の顕著な業績を認めるために、1985年と1989年には最優秀奨励賞、また、1993－1994年度には最優秀教育賞を与え、先生－学者としての比類なき業績を称えた。これらの賞は先生に当然与えられるべきであるが、彼の教えたコースの専門知識、時間を学生に合わすこと、学生をサポートすること等は学生から感謝され評価されている。

林ヶ谷先生の他のことを知っておくことも大切である。彼は単に尊敬された同僚、先生だけでなく、学者であり講師である。先生は日米関係の多種に亘る問題を歴史的、また、現代史観からも書き、よく講演し、その論文は北米毎日新聞や日米タイムズ新聞にもよく発表された。先生は日本の数々の大学で講演し、東京の桜美林大学では、客員教授として二度も教鞭をとった。

先生は長い間、日・米文化、経済の交流増進に力を注ぎ、1980年度中頃、サクラメント・コミュニティーのため、「日本週間」を開催し、また、1992年には、サクラメント州立大学で、第二次世界大戦前「平和の人形」を日・米の学校児童達が交換し、友情を分かち合った交流を再現する「世界友情フォーラム」を組織した。

先生の日・米文化交流関係を強化されたことを述べると、全国日本学士会勲章と外務大臣表彰を授与された顕著な功績は、その認証である。

林ヶ谷教授のすばらしいレコード（記録）を書くのは易しい。先生は生まれながらにして、推奨すべき業績を先生として、メントー、学者、親善大使として、彼の職務を見事に発揮された。私はこの書面を書く喜びと名誉は同僚－友達としての特典で、最後に先生の健康、幸福、将来の幸運を祈念している。

オーティス・スコット博士
カリフォルニア州立大学サクラメント校
社会人文科学学部長
2006年7月

日米の懸け橋

2007年7月25日第1版第1刷発行

著　者——林ヶ谷昭太郎
発行者——大 野 俊 郎
印刷所——三浦企画印刷
製本所——グリーン製本
発行所——八千代出版株式会社
〒101-0061 東京都千代田区三崎町 2-2-13
TEL 03-3262-0420
FAX 03-3237-0723
振 替 00190-4-168060

＊定価はカバーに表示してあります。
＊落丁・乱丁本はお取替えいたします。

ISBN 978-4-8429-1432-9